数字道路
技术架构与建设指南

曾桓涛 杜劲松 张德君 张华荣 林成创 闫天朋 ◎ 编著

人民邮电出版社

北 京

图书在版编目（CIP）数据

数字道路技术架构与建设指南 / 曾桓涛等编著. -- 北京：人民邮电出版社，2023.8
ISBN 978-7-115-61491-9

Ⅰ．①数… Ⅱ．①曾… Ⅲ．①数字技术－应用－道路工程－中国－指南 Ⅳ．①U415.6-62

中国国家版本馆CIP数据核字(2023)第055489号

内 容 提 要

本书从设计理论和建设实践两个方面对数字道路进行了深入的分析和研究，系统地介绍了数字道路的发展历程、新技术应用、系统构成、应用场景、建设指南、投资运营模式等内容，并基于数字道路的理论和实践，总结了当前数字道路的发展现状，憧憬数字道路的未来愿景，对未来数字道路的建设、管理和运营具有重要的参考价值。

本书具有创新性、全面性和实操性的特点，可以供道路数字化规划、设计、建设、管理的相关从业人员阅读，还可以作为科研院所专业技术人员、高等院校学生的参考用书。

◆ 编　著　曾桓涛　杜劲松　张德君
　　　　　张华荣　林成创　闫天朋
　责任编辑　张　迪
　责任印制　马振武

◆ 人民邮电出版社出版发行　北京市丰台区成寿寺路11号
　邮编　100164　电子邮件　315@ptpress.com.cn
　网址　https://www.ptpress.com.cn
　固安县铭成印刷有限公司印刷

◆ 开本：800×1000　1/16
　印张：14.75　　　　　　　　2023年8月第1版
　字数：253千字　　　　　　　2023年8月河北第1次印刷

定价：99.90元

读者服务热线：(010)81055493　印装质量热线：(010)81055316
反盗版热线：(010)81055315
广告经营许可证：京东市监广登字 20170147 号

编委会

吴英华　董浩欣　郭　栋　傅　鹏　檀童和　方杰鸿

扈兆明　胡军军　秦士良　张学刚　付峻鹏　李　煜

杜春龙　赵其伟　张天文　黄陈横　荆启航　王　祺

刘　凤　杨品浪　张　猛　卢淦标　陈豪钧　黎文俊

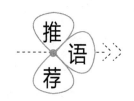

何兆成　中山大学教授　广东省智能交通系统重点实验室主任

数字经济时代下的数字道路，有别于传统道路针对道路本体进行规划和建设，其重点在于对赋予数字特征的智能道路进行创新性建设和运营。

林培群　华南理工大学土木与交通学院教授

本书不仅包括数字道路的建设内容、应用场景，还包括建设指南、运营模式，内容新颖且全面，是智慧交通从业者的必读图书。

邹　亮　深圳大学土木与交通工程学院副院长

数字道路的建设有助于实现对道路交通的动态化、智能化管理，是智慧城市的重要基础和构成要素。

余向阳　中山大学光电材料与技术国家重点实验室教授　广东省光学协会秘书长

数字道路是以人为中心、以场景驱动的双智城市建设的重要内容，目标是构建"车、路、云、图、网"全面协作的新一代数字交通基础设施。

张志清　北京工业大学城市交通学院教授　博士生导师

数字道路是交通、通信与基础设施三大行业的全面融合，智能网联与智慧城市的协同发展，将推进数字道路体系构建，赋能未来城市快速发展，实现交通数字化、城市智慧化，让交通出行更便捷、行业监管更智慧、民众体验更贴心。

郭经纬　澳门城市大学商学院副教授

数字道路是促进未来交通融合交互发展的核心设施之一，是连接车辆、设备和人员等交通要素的核心载体。数字道路网络建设可加快交通系统高效化和智能化发展步伐，实现用户出行服务体验的提升。

刘　皓　博士　加利福尼亚大学伯克利分校交通研究所研究员

数字道路拓展了车路协同的应用空间。通过数字化管理和数据共享，数字道路实现了车辆和道路灵活可靠的信息交互和资源共享，提高了交通系统的智能化和运行效率，从而提高了用户出行的安全、便捷和舒适性。

林　宁　广东通服研究总院总工程师

数字道路是交通领域基础设施数字化改造最直接的成果，在带来交通基础设施智能化提升的同时，也带来了交通行业建设模式、运营模式的变革和应用场景的创新。数字道路已然是数字中国建设的关键数字基础设施，它的发展将对交通、汽车、信息等产业生态产生深远影响。

曾沂粲　广东省电信规划设计院有限公司总工程师

数字道路是未来智慧交通的重要基础设施。它通过信息化技术让城市道路与车辆、设备和人员相互连接，实现交通资源的高效利用和业务协同。数字道路具有高效便捷、安全可靠、先进智能等特点，有助于缓解交通拥堵，提高交通运行效率，实现安全高效的交通系统。

孙卫华　广东省交通规划设计研究院交通安全与智慧交通设计院院长

数字道路的建设有助于推动城市交通的可持续发展，通过对交通的动态管控，为城市智慧化管理提供重要支撑，为公众便捷出行提供高效服务，是数字经济时代下多技术融合的应用创新。

段小梅　教授级高级工程师　广州市市政工程设计研究总院有限公司副总工程师

数字道路支持多种智能交通应用，例如车路协同、智慧交管、智能网联公交等，推进智慧城市的科技进程。

肖恒辉　教授级高级工程师　中国通服广东公司研究总院技术总监

本书来源于雄安数字道路建设实践，但不局限于在雄安的建设经验，广泛吸收和借鉴其他同类项目，为读者提供最佳的数字道路技术架构和建设方法。

吴　迪　广东省电信规划设计院有限公司总经理助理

数字道路建设是将数字技术应用于交通领域，推动交通智能化、高效化、可持续化发展的重要举措，具有重要的社会经济意义。

吴冬升　博士　高新兴科技集团股份有限公司高级副总裁

随着车路协同、智能网联、5G等技术的不断融合发展，数字道路的应用场景也将更加丰富和多样化。这将打造智慧城市中不可或缺的智能交通系统和数字经济重要的基础设施。未来，数字道路将促进智慧交通的发展，实现城市交通的高效、可持续发展，为用户带来极佳的出行体验。

杨春宁　广州信息投资有限公司总工程师

以数字道路为代表的新基建，能够以"多感合一、多杆合一、多箱合一"为设计理念，以数字化赋能管理，实现数字资源的高效利用和统一管理，是城市数字化转型必不可缺的部分。

陈宁宁　博士　广东振业优控科技股份有限公司总经理

数字道路具有强大的数据分析和应用能力，可以为城市交通管理和决策提供重要依据。通过数字化管理和数据共享，人们可以获得准确和实时的交通数据，分析不同参数之间的关系，并根据交通需求进行优化和规划。

刘　军　云控智行科技有限公司联席总裁

数字道路所产生的数据要素，将重建人们对道路的理解和认知。

陈　涛　广东赛宝新天地科技有限公司副总经理

数字道路作为新基建的一部分，可以有效拉动投资规模和经济发展。此外，数字道路及可计算路网，作为智慧城市的基础设施，在未来智能网联时代可能发挥更大的作用，市场层面正处在一个历史性的机遇期。通过阅读《数字道路技术架构与建设指南》，读者能准确领会数字道路落地设计和实施的模式。

吴　岳　佛山市青松科技股份有限公司首席科学家　清华大学深圳研究生院校外导师

数字道路是智慧交通基础设施的重要组成部分，通过采用物联网、大数据、人工智能等技术，能够实现道路数字化、自动化、智能化，提高道路通行效率，促进交通的可持续发展，并为人们提供更加便捷、智能和安全的出行方式。

石梦凯　清华大学博士　北京星云互联科技有限公司首席技术官

数字道路未来将更加智慧化，通过智慧交通平台和人工智能等技术，实现更加智能化和智慧化的交通服务，从而更好地满足人们的出行需求。

黎　强　广州交信投科技股份有限公司产品总监

《数字道路技术架构与建设指南》一书深入分析了国内政策导向，充分吸收国内数字道路领域的技术经验，解读了智慧道路领域的重要研究报告，结合全国首个城市级数字道路整体建设项目——雄安新区容东片区数字道路的实践经验，提出了国内数字道路建设的完整指南，其中对城市道路停车规划设计的经验值得借鉴，具有较高的参考价值。

张晓明　广州市城市规划勘测设计研究院交通所所长

数字道路与城市市政规划的结合是数字时代城市交通管理的重要举措，能够更合理地规划和布局城市交通系统，实现智慧交通、安全交通和绿色出行，是城市治理、智慧城市建设的创新和发展方向。

数字道路：建设交通强国的重要抓手

道路数字化、汽车网联化是数字中国和交通强国两大国家战略的交汇点，也是数实融合的重要领域。中共中央、国务院印发的《国家综合立体交通网规划纲要》提出，要推进交通基础设施数字化、网联化，并明确到 2035 年交通基础设施数字化率达到 90% 以上。数字道路能够融合交通、通信与汽车三大领域，是新基建的重要组成部分，更是建设交通强国、数字中国的重要抓手。

数字道路作为"双智城市"建设的第一块基石，可以为智慧城市提供智能基础设施，也是智能网联汽车的重要载体，通过数据采集、分析和交互等手段实现交通系统的智慧化和数字化，优化资源配置、提高交通运输效率、提升交通安全性、促进交通产业创新和发展、实现跨领域融合和推进城市可持续发展。随着"双智城市"建设的不断深入，数字道路的建设将会得到更广泛的应用和推广，成为未来交通发展的新引擎。

《数字道路技术架构与建设指南》基于全国首个城市级数字道路建设项目——雄安新区容东片区数字道路的建设实践，深入分析了部、省、市三级政策导向，充分吸收了各省市发布的智慧高速公路建设指南、数字化城市道路建设指南等数字道路领域的技术文件，研读了咨询机构关于智慧道路领域的多份研究报告，经过 3 年的沉淀和打磨，对数字道路的建设和应用进行了全面而详细的解读。本书具有以下特点。

经验、专业、可信：本书作者均为数字化和智能化交通系统领域的专家和学者，具有丰富的实践经验和科研背景，他们分享了自己多年的研究成果和实践经验，为数字道路建设提供了可靠的指导和借鉴。

指南、实用、前瞻：本书提供了全面深入的数字道路建设指南，吸收了多种智慧高速公路和数字化城市道路建设指南的理念，注重实践操作，覆盖了众多数字化和智能化交通系统方面的新技术和新应用，带领读者走向技术前沿。

全面、深入、探索：本书不仅从数字道路的概述、构成要素、应用场景等方面给出建设指南，还在投资运营模式等方面进行深入的研究和探讨，并对数字交通的未来发展具有深远意义。

《数字道路技术架构与建设指南》主要面向数字交通领域的从业人员、科研机构、高校师生、政府相关部门及相关产业界人士等读者群体，为数字化和智能化道路的建设者提供了重要的参考和借鉴。

谢振东

广东省智能交通协会会长

享受国务院政府特殊津贴专家

2023 年 5 月 31 日于广州

2021年12月，交通运输部印发《数字交通"十四五"发展规划》，提出加快交通新基建，推动新技术与交通基础设施融合发展，赋能传统交通基础设施，推动交通基础设施数字化转型、智能升级，提升基础设施安全保障能力和运行效率。其中，在数字道路领域要求完善道路感知网络，推进道路基础设施全要素、全周期数字化，大力发展车路协同和自动驾驶，建设监测、调度、管控、应急和服务一体的智慧路网平台。数字道路是国家新基建的战略方向，也是践行《交通强国建设纲要》的重要举措，蕴含了大量的交通创新场景和重大项目商机。

2021年，广东省电信规划设计院有限公司与中国电信集团强强联合，以河北雄安新区容东片区153千米的道路为画卷，书写了数字道路建设的新篇章。团队引入交通网、信息网、能源网"三网合一"的先进设计理念，将照明、移动通信、城市监测、交通管理、车路协同等多种设备"多杆合一"，使全域道路上的每根灯杆都充满"智慧"，践行交通全周期、全设施、全要素的"数字化"和"智能化"，实现雄安新区容东片区车—车、车—路智能协同，率先打造了全域智能的数字道路新标杆。

作为雄安新区容东片区数字道路的建设者和实践者，团队在雄安新区数字道路建设的过程中踩了很多"坑"，也积淀了大量宝贵的经验，探索了很多新颖的建设及运营模式。为此，编者从数字道路建设的实践角度出发，以雄安新区容东片区数字道路为案例，对数字道路的发展历程进行总结，概括性地总结了数字道路相关的先进信息通信技术（Information and Communications Technology，ICT），解释了数字道路的构成、内涵和典型的应用场景，并通过案例的方式，从道路主体工程要素化、交通状态感知数字化、气象环境感知智能化等方面重点详细阐述了数字道路建设的实施方案，总结了数字道路新基建的典型项目投资和运行模式。

本书凝练了雄安新区容东片区数字道路建设团队的集体智慧，编制过程中得到了广东省智能交通协会的悉心指导，书中所述内容源于数字道路的先进实践，而又高于雄安新区容东片区数字道路建设。本书的编撰旨在通过雄安新区容东片区数字道路案例践行《数字交通"十四五"发展规划》，为全面实现交通强国贡献绵薄之力。

城市是文明的摇篮,道路是城市的脉络。随着5G、云计算、大数据、物联网、人工智能等新一代信息技术的兴起,作为重要基础设施的道路迎来了全新的数字时代。数字道路秉承创新、开放、共享、协调、绿色和安全的理念,是交通科技创新体系的集大成者,是实现交通治理体系和治理能力现代化的重要途径,也是实现"人享其行、物优其流"美好交通出行服务的重要保障。

本书基于作者对数字道路的内涵、数字道路应用的先进性信息通信技术的理解,再结合作者在数字道路建设中的实践经验,系统地梳理了数字道路体系、核心技术、应用场景和建设运营模式等内容。全书共计7章,各章内容如下。

第1章 数字道路概述。从交通发展史开始介绍,先整体介绍公路发展简史、智能交通及其发展历程、智能交通发展的挑战等;其次介绍传统汽车工业,并从自动驾驶产业进程介绍数字道路的发展现状;最后系统性地概括我国发展数字道路新型基础设施建设的相关政策。

第2章 新技术应用赋能数字道路。新技术的发展使道路数字化的实现和发展有了基础,本章剖析数字道路底层先进信息通信技术,主要包括通信技术、新型道路信息感知技术、互联网技术、汽车技术。

第3章 数字道路的构成。通过抽丝剥茧的方式剖析了数字道路整体的构成,从底座、系统和平台维度分析数字道路的本体信息、感知手段、应用平台和相关保障体系。

第4章 数字道路应用场景。从交通管理、车路协同和出行即服务(Mobility as a Service,MaaS)的角度对数字道路的应用场景进行归类和介绍,讲解不同的应用场景中常见的问题和挑战。

第 5 章　数字道路建设指南。从设计和建设数字道路的实践出发，分 7 个部分详细介绍数字道路建设的内容，主要包括道路主体及附属设施数字感知建设、交通状态数字感知建设、气象环境数字感知建设、通信体系建设、主动管控体系建设、绿色能源建设及信息安全建设。

第 6 章　数字道路投资运营模式探讨。分别从投资和盈利的角度介绍常见的数字道路建设投资及运营模式，并给出参考的投资及运营模式。

第 7 章　总结展望。回顾过去，继往开来，基于数字道路的理论和实践，总结当前数字道路的发展现状和存在问题，憧憬数字道路的未来愿景和发展方向。

自动驾驶技术和数字道路技术发展日新月异，本书内容难免存在不足，敬请各位读者批评指正。

广东省电信规划设计院有限公司
中电信数字城市科技有限公司
广东省智能交通协会
《数字道路技术架构与建设指南》编写组
2023 年 6 月

第 1 章 数字道路概述

1.1 智能交通的发展 ··· 002
1.1.1 公路发展简史 ·· 002
1.1.2 智能交通的发展历程 ······································ 006
1.1.3 智能交通的内涵 ·· 007
1.1.4 智能交通的体系 ·· 008
1.1.5 智能交通面临的挑战 ······································ 015

1.2 汽车技术的发展 ··· 016
1.2.1 汽车工业的发展 ·· 016
1.2.2 自动驾驶的发展 ·· 017

1.3 数字道路的发展 ··· 018
1.3.1 数字道路的概念与内涵 ···································· 018
1.3.2 数字道路的等级分类 ······································ 020

1.4 相关政策 ··· 026
1.4.1 国家规划,高屋建瓴 ······································ 026
1.4.2 部委政策,有的放矢 ······································ 027
1.4.3 地方层面,积极落实 ······································ 029

1.5 本章小结 ··· 032

第 2 章 新技术应用赋能数字道路

2.1 通信技术 ··· 034
2.1.1 5G ··· 034
2.1.2 北斗卫星导航系统 ·· 040

2.2 新型道路信息感知技术 ······································· 042
2.2.1 毫米波雷达 ·· 042
2.2.2 激光雷达 ·· 046
2.2.3 视频检测技术 ·· 051

2.3 互联网技术 ······ 055
2.3.1 人工智能技术 ······ 055
2.3.2 大数据技术 ······ 058
2.3.3 数字孪生技术 ······ 061

2.4 汽车技术 ······ 065
2.4.1 车载感知技术 ······ 065
2.4.2 车联网技术 ······ 067
2.4.3 自动驾驶技术 ······ 069

2.5 本章小结 ······ 072

第 3 章 数字道路的构成

3.1 数字道路的信息底座 ······ 074
3.1.1 道路本体信息 ······ 074
3.1.2 道路交通信息 ······ 081

3.2 数字道路的系统构成 ······ 087
3.2.1 要素感知监测 ······ 087
3.2.2 交通管理控制 ······ 092
3.2.3 车路协同 ······ 099

3.3 数字道路的平台构成 ······ 104
3.3.1 数字底座 ······ 104
3.3.2 能力中台 ······ 114
3.3.3 应用平台 ······ 120
3.3.4 支撑保障体系 ······ 127

3.4 本章小结 ······ 135

第 4 章 数字道路应用场景

4.1 交通管理类 ······ 138
4.1.1 概念 ······ 138
4.1.2 背景与必要性 ······ 138
4.1.3 交通运行管理 ······ 139
4.1.4 基础设施管理 ······ 144
4.1.5 重点车辆营运管理 ······ 151

4.1.6　车辆违法管理 ··· 152
　　　4.1.7　智能信号灯管理 ··· 152
　4.2　车路协同类 ·· 152
　　　4.2.1　概念 ··· 152
　　　4.2.2　背景与必要性 ··· 153
　　　4.2.3　交通安全类应用场景 ······································· 153
　　　4.2.4　交通效率提升类应用场景 ································ 163
　　　4.2.5　信息服务类应用场景 ······································· 166
　4.3　MaaS ··· 169
　　　4.3.1　概念 ··· 169
　　　4.3.2　背景与必要性 ··· 169
　　　4.3.3　车队管理平台 ··· 170
　　　4.3.4　运营管理平台 ··· 170
　　　4.3.5　监控调度平台 ··· 170
　　　4.3.6　数据服务平台 ··· 170
　　　4.3.7　用户出行终端 ··· 171
　　　4.3.8　智能调度引擎 ··· 171
　4.4　本章小结 ··· 171

第 5 章　数字道路建设指南

　5.1　道路主体及附属设施数字感知建设 ························· 174
　　　5.1.1　建设原则 ·· 174
　　　5.1.2　建设内容 ·· 174
　　　5.1.3　部署方案 ·· 176
　5.2　交通状态数字感知建设 ··· 178
　　　5.2.1　建设原则 ·· 178
　　　5.2.2　建设内容 ·· 178
　　　5.2.3　部署方案 ·· 180
　5.3　气象环境数字感知建设 ··· 181
　　　5.3.1　建设原则 ·· 181
　　　5.3.2　建设内容 ·· 182
　　　5.3.3　部署方案 ·· 182
　5.4　通信体系建设 ·· 183
　　　5.4.1　建设原则 ·· 183

5.4.2　建设内容 ·· 183
　　　5.4.3　部署方案 ·· 185
5.5　主动管控体系建设 ·· 188
　　　5.5.1　建设原则 ·· 188
　　　5.5.2　建设内容 ·· 188
5.6　绿色能源系统建设 ·· 190
　　　5.6.1　建设原则 ·· 190
　　　5.6.2　建设内容 ·· 190
5.7　信息安全建设 ·· 191
　　　5.7.1　建设原则 ·· 191
　　　5.7.2　建设内容 ·· 192

第 6 章　数字道路投资运营模式探讨

6.1　数字道路投资估算及市场规模预测 ··· 196
　　　6.1.1　通车里程及行业发展预测 ·· 196
　　　6.1.2　数字道路投资造价分析 ··· 198
　　　6.1.3　数字道路投资运营模式 ··· 200
6.2　数字道路盈利服务模式 ··· 203
　　　6.2.1　开放平台接入服务 ·· 204
　　　6.2.2　自动驾驶软件服务 ·· 205
　　　6.2.3　车联网 + 车险服务 ··· 205
　　　6.2.4　基础资源租赁服务 ·· 206
　　　6.2.5　其他合作服务 ·· 207
6.3　数字道路投资运营未来展望 ·· 208
　　　6.3.1　引导、吸纳社会投资 ··· 208
　　　6.3.2　培育壮大市场主体 ·· 208
　　　6.3.3　完善体制机制 ·· 209

第 7 章　总结展望

参考文献 ·· 215

第 1 章
数字道路概述

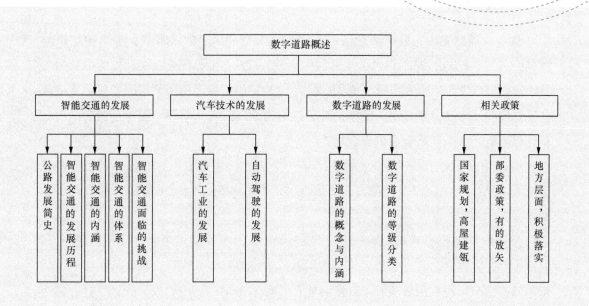

1.1 智能交通的发展

1.1.1 公路发展简史

人类社会的交通先由水路开始,最早的陆路交通为城市之间转运人和物服务。按照交通工具的革新,交通工具的发展历史可以分为 3 个主要阶段。交通发展时间轴如图 1-1 所示。

图 1-1 交通发展时间轴

1. 马路时代

最初的道路是由人踩踏而形成的小径。东汉刘熙所著的《释名》一书中把道路解释为"道,蹈也,路,露也,人所践蹈而露见也"。在新石器晚期,役使牛马为人类运输而形成驮运道,并出现了原始的临时性的简单桥梁。相传黄帝因看见蓬草随风吹转,发明了车轮,于是以"横木为轩,直木为辕"制造出车辆。随着车辆的出现,车行道产生,人类陆路交通出现新局面。

商朝(公元前 1600 年—公元前 1046 年)人已经懂得夯土筑路,并利用石灰稳定土壤。从殷墟的发掘中,考古人员发现有碎陶片和砾石铺筑的路面,并出现了大型木桥。

战国时期(公元前 476 年—公元前 221 年),国与国交往频繁,《国语》载有东周单子经过陈国时,看见道路失修,河川无桥梁,旅舍无人管理,预言其国必亡,后来果然应验。当时在山势险峻之处凿石成孔,插木为梁,上铺木板,旁置栏杆,称为栈道,这是我国古代道路建设的一大特色。

秦朝(公元前 221 年—公元前 207 年)修筑的驰道可与罗马的道路网媲美。秦始皇统一六国后开始修建以首都咸阳为中心、通向全国的驰道网,并构成了以咸阳为中心,通达全国的道路网。秦始皇还统一了车轨距的宽度(宽6秦尺,折合1.38米),使车辆制造和道路建设有了标准。除了修筑城外的道路,秦朝对城内道路的建设也有突出之处,例如,阿房宫采用高架道的形式筑成"阁道",自殿下直抵南面的终南山,形成"复道行空,不霁何虹"的壮观景象。

汉朝(公元前202年—公元220年)的张骞两次出使西域,远抵大夏国(今阿富汗北部),开创了举世闻名的"丝绸之路",因此载入史册。"丝绸之路"起自长安(今西安),经甘肃、新疆,一直到中亚、西亚,为沟通我国与中东和欧洲各国的经济和文化做出了重要贡献。

唐朝(618—907年)的唐太宗下诏全国,保持道路畅通无阻,实行道路日常养护。唐朝不但城市道路建设突出,而且郊外的道路也很畅通,道路两侧有排水沟和行道树,布置井然,气度宏伟,为我国以后的城市道路建设树立了榜样,影响远及日本。

宋朝、元朝、明朝(960—1644年)均在过去的道路建设基础上有所提高,尤其是元朝,元朝时期,我国地域辽阔,自元大都(今北京)通往全国有7条主干道,形成了一个宏大的道路网。我国的道路建设发展至清朝末年时,已是驿道时代的尾声,代之而起的是汽车专用公路。

2. 公路时代

19世纪末,由于西方的主要城市饱受交通事故和马粪的困扰,人们迫切需要一种新的城市交通工具,以解决城市发展的交通问题。

19世纪30年代,英国的矿井中出现了一种用于运输矿石的缆车。19世纪40年代,加州"淘金热"开始将缆车作为一种载人的交通工具。一位专门为旧金山地区矿井制造缆车的商人,在旧金山的克莱街修建了一条1千米长的载人缆车线路,该线缆由蒸汽机驱动,速度为每小时10~20千米,并于1873年投入运营。该条线路在商业上的成功很快吸引了其他商人的加入,于是,从1877—1880年,旧金山又修建了4条载人缆车线路。缆车在旧金山大获应用的重要原因是缆车爬坡远比轨道马车爬坡容易。1882年,芝加哥市为了解决马车轨道在冬季雪天缺少附着力的问题,在平地上建设了一条载人缆车线路。很快,缆车风靡全美。到1893年,美国整个北方和西海岸地区已经有30个城市建设了总长近500千米的缆车。与此同时,在欧洲、澳大利亚和新西兰，缆车也得到了应用。与马车相比，缆车的运营成本更低，也更加稳定可靠。但缆车的初始投资却很大，而且因为车辆运行依赖一个线缆回路，一旦一条线路出现故障，整条线路都要停运，且需要几小时才能恢复运转。缆车的不完美使人们转而寻求更好的解决方案。

1879年，德国人维尔纳·冯·西门子在一场工业博览会上展示了有轨电车技术，并在1881年开始运营柏林郊区的一条路面电车线路，同时期，美国发明家爱迪生为了推广电力，在1880年展示了其在门罗公园建设的路面电车。相较于马车和缆车，路面电车更快（速度达到每小时15～25千米）、更可靠，同时成本也更低。

1902年，美国97%的城市轨道都进行了电气化改装，从运行马车转而运行电车，在1902年一年内，美国有78亿人次乘坐了路面电车。到1907年，美国的路面电车轨道总长超过了55000千米。到1912年，在美国所有1万人以上的城镇中，平均每人每年乘坐252次路面电车，路面电车成为真正意义上的大众交通。在1912年，人们甚至可以一路乘路面电车从纽约到达波士顿。1880—1920年，路面电车的生意极为火热，有时两家公司的轨道甚至只隔一个街区。与此同时，许多发展中国家也建设了路面电车，西门子公司于1899年在北京修建了第一条有轨电车，于1904年、1906年、1908年和1909年分别在香港、天津、上海和大连修建了有轨电车。

但有轨电车也存在局限性。因为沿承轨道马车，路面电车需要铺设1米左右轨距的电车轨道。电车运行时，需要与其他车辆共享路面，其速度和载重都会受到一定的限制。

3. 数字化道路时代

智慧公路作为新一代信息技术与公路道路运输深度融合的重要载体，已成为智能交通领域的新型数字基础设施，在提升运输效能、培育新兴产业等方面的战略作用明显，世界各国争相开展相关技术的研发与应用。

2016年12月，欧盟发布了《欧洲C-ITS战略》，其目标是促进整个欧洲范围内投资和监管框架的融合，开展C-ITS的大规模商业化部署，以提升道路安全、交通效率和驾驶舒适度。欧盟交通运输总司出台《授权法案（征求意见稿）》，意图在欧洲推进合作式智能交通运输系统的部署，其特点是通过新一代信息技术将各种交通要素和终端连接，在共同的目标下，协作解决交通的各种问题并实现集成服务。欧盟制定了《可持续及智能交通战略》，以数字技术作为引导，把减碳、减排作为考核目标，把新能源汽车的发展与能源转换效率结合在一起。欧洲 EāSywy 项目针对全部路网开展网络化管理，根据统一规则进行关键路段的判别；通过跨国数据交换构建同步管理体系，覆盖 27 个国家和地区，以信息服务、主动交通管理为手段，侧重服务协同。

日本志在建设世界最安全的道路，拟在 2030 年建成世界最安全和最畅通的道路。2020 年，日本政府继续推进由内阁牵头的战略性创新创造方案（SP），在人的多样性、共同创造价值和可持续发展 3 个目标下安排技术开发和产业发展，强调应用智能化技术减轻交通对大自然的冲击，实现安全和舒适的交通，提高交通系统的弹性。

韩国各界推广"下一代智能交通系统"（C-ITS）的数据共享标准化工作。首尔市、光州市、蔚山市、济州岛和韩国高速公路公司等都通过试点和示范项目，在约 970 千米的路段建设了 C-ITS 基础设施，并通过 Tmap 和 Kakao Navi 等专用应用程序向公众提供实时交通信息和道路危险状况等数据。

新加坡把 15% 的土地面积用于建设道路，形成以 10 条快速路为主线的公路网络，以健全发达的交通路网和前瞻性的交通规划管理，为高密度的人流与车辆提供优质的服务。其中，富有成效地开发和运用智能交通系统是新加坡在城市交通发展规划和实践中引人注目的一环。

我国积极倡导智慧交通发展，陆续出台了《智慧交通让出行更便捷行动方案（2017—2020 年）》《关于加快推进新一代国家交通控制网和智慧公路试点的通知》《数字交通发展规划纲要》《交通强国建设纲要》《智能汽车创新发展战略》《国家综合立体交通网规划纲要》等一系列政策文件。2018 年 2 月，交通运输部启动了新一代国家交通控制网和智慧公路试点工作，在北京市、河北省、吉林省、江苏省、浙江省、福建省、江西省、河南省和广东省开展智慧公路示范工程建设，确定了示范基础设施数字化、北斗高精度定位综合应用、基于大数据的路网综合管理、互联网＋路网综合服务及新一代国家交通控制网等试点方向，基本囊括和代表了中国智慧公路的发展方向。

自 2018 年以来，北京市、河北省、吉林省、江苏省、浙江省、福建省、江西省、河南省、广东省的试点工作有序开展，为全国智慧公路建设积累了宝贵经验。全国范围内的 30 多条已建和在建的智慧公路，充分体现了"鼓励各地积极开展智慧公路创新应用"的总体布局和"坚持应用导向"的总体发展方向，有助于检验真正能够落地应用、产生良好效果的智慧公路技术。

1.1.2　智能交通的发展历程

智能交通的发展经历了智力交通时代（19世纪初—20世纪60年代）、智能交通时代（20世纪60年代末—2010年），目前正处于智慧交通时代（2010年至今）。智能交通发展时间轴如图1-2所示。

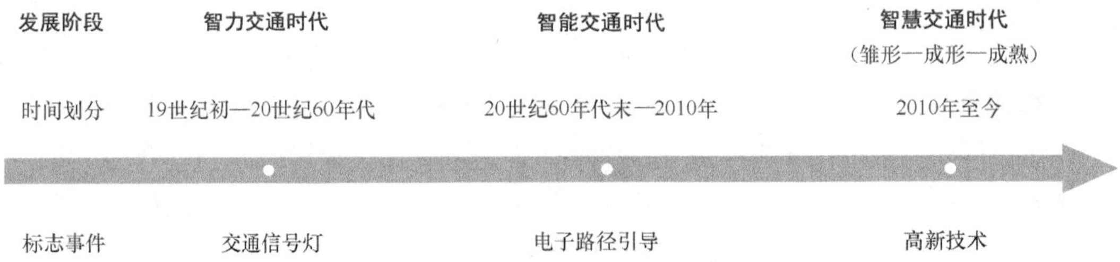

发展阶段	智力交通时代	智能交通时代	智慧交通时代（雏形—成形—成熟）
时间划分	19世纪初—20世纪60年代	20世纪60年代末—2010年	2010年至今
标志事件	交通信号灯	电子路径引导	高新技术

图1-2　智能交通发展时间轴

1. 智力交通时代

智力交通时代以交通信号灯的出现为标志。19世纪初期，铁路信号灯工程师首次提出了带有红、绿两种颜色交通信号灯的设计想法。直至1918年，一种红、黄、绿3种颜色的手动信号灯出现在纽约市，成为控制交通信号的雏形。1926年，英国发明了机械式交通控制信号机，首次实现了周期性自动控制红绿灯切换，奠定了交通信号自动控制的基础。1964年，加拿大开发出世界上第一个利用计算机来控制交通信号的系统，开创了交通控制系统发展史上的里程碑，由此，智力交通逐渐由萌芽走向成熟。

2. 智能交通时代

智能交通时代以电子路径引导为标志。随着美国汽车数量呈爆发式增长，滞后的交通基础设施建设、汽车服务手段和公众交通安全意识，导致交通拥堵、交通事故、环境污染等问题层出不穷。1967年，美国联邦公路局启动电子路径引导系统的研究，随后，交通实践者将更多的科学管理应用于实践，综合考虑交通运载工具、交通基础设施和交通参与者，充分运用通信、信息、控制和传感器等先进技术和装备，建立实时、精确且高效的交通运输管理体系，智能交通系统（Intelligent Transportation System，ITS）应运而生。

3. 智慧交通时代

伴随云计算、大数据、人工智能、物联网、移动互联网等高新技术的高速发展和大规模应用，交通出行模式发生了翻天覆地的变化，这标志着交通出行进入了智慧化时代。智慧交通从进程上可以细分为 3 个阶段，分别是技术先行的智慧交通雏形阶段、政府引导的智慧交通成形阶段和全面应用的智慧交通成熟阶段。

技术先行的智慧交通雏形阶段：以技术服务商为主导，用户往往被动接受服务，通过改变出行方式、经营模式以适应技术供应商的交通服务。智慧交通雏形阶段的标志事件是 2010 年 7 月优步（Uber）公司首次在美国旧金山推出网约车服务，通过移动应用程序连接乘客和司机，乘客可以通过应用程序来预约载客的车辆，并且追踪车辆位置，在线支付出行费用。随后，我国出行市场出现了大量的网约车、共享单车、共享汽车等，从此改变了我国出行方式的格局。

政府引导的智慧交通成形阶段：政府开始从顶层规划的层面制定行业标准，引导和规范市场秩序。在这个阶段，技术服务商、政府部门、用户对智慧交通、智慧出行产生了不同的认知。智慧交通成形阶段的典型标志是 2022 年 1 月交通运输部发布的《数字交通"十四五发展规划"》，规划指出，到 2025 年 "一脑、五网、两体系" 的发展格局基本建成，交通新基建取得重要进展，行业数字化、网络化、智能化水平显著提升。

全面应用的智慧交通成熟阶段：伴随新基建的发展、ITS 的成熟，智慧交通已经全面渗透和融入社会公众的日常出行、交通基础设施建设和管养、交通监管与执法等。智慧交通成熟阶段的特征表现为完善的技术路线、清晰的盈利模式、大型智慧交通服务企业的出现、人民群众具有较强的获得感等。

由于智慧交通在不同地区的发展进程存在较大的差异，不同阶段没有明确的界限，当前智慧交通正处于成形阶段与成熟阶段的交叉期。

1.1.3 智能交通的内涵

伴随生产力的发展和社会转型，生产力对交通发展的支配性引发了交通供给应与交通需求相匹配的深刻认识与变化。从历史上交通发展与生产力之间的自相似性、同构性中可以看到，不同的社会形态对应不同的产业形态，不同的产业形态导致的交通形态和交通需求是不一样的。社会形态不断进化，交通形态、交通需求也随之相似地同构进化。

本书参考《2017年广东省智慧交通产业发展报告》对智能交通的内涵描述，并结合业界对于智能交通系统定义的共性，认为智能交通是在整个交通运输领域充分利用5G、物联网、空间感知、云计算、移动互联网、大数据、人工智能和建筑信息模型（Building Information Model，BIM）等新一代信息通信技术，综合应用交通工程、通信、计算机、社会学、心理学等学科，以建立全面感知、深度融合、科学决策和主动服务等为目标，通过实时的动态信息感知、交通基础设施建模、综合交通信息数据融合、大数据关联分析等决策服务体系，形成问题发现、问题分析和问题决策模型，面向交通基础设施建设与养护、运维、交通巡检、交通管控、交通管理和交通出行等场景，提供行业资源配置优化、公共决策、行业管理、公众服务等能力，推动交通基础设施的建设与养维智能化，交通管理智能化，交通运输便捷化、顺畅化、安全化和环保化，带动交通运输相关行业转型与升级。智能交通中的"人"是指一切与交通运输系统有关的人，"车"是指各种运输方式的运载工具，"路"是指各种运输方式的道路及其航线。

1.1.4　智能交通的体系

2005年，国家智能交通系统工程技术研究中心发布了《中国智能交通系统体系框架（第二版）》，依据该框架，智能交通可以分为交通管理、电子收费、交通信息服务、智能公路与安全辅助驾驶、交通运输安全、运营管理、综合运输、交通基础设施管理和ITS数据管理9个服务领域。中国智能交通系统体系框架如图1-3所示。

图1-3　中国智能交通系统体系框架

1. 交通管理

交通管理作为体系框架中重要的组成部分，主要服务于交通管理者，包括交通动态信息监测、交通需求管理、交通控制、交通基础设施管理、交通事件管理、勤务管理、交通执法和停车管理等方面。

交通动态信息指在时间和空间上不断变化的交通流信息，例如交通流量、车速、占有率、车头时距和时间等。这些信息的采集方式分为固定型和移动型。固定型采集技术可以分为磁频采集、波频采集和视频采集 3 种；移动型采集技术运用安装有特定设备的移动车辆来采集交通数据，目前主要有基于电子标签、基于全球定位系统（Global Positioning System，GPS）和基于汽车牌照自动识别 3 种采集技术。

交通需求管理和交通控制是交通管理的两种模式。交通需求管理是对交通源的管理，是一种政策性管理，优先发展公共交通、控制小汽车数量、车辆单双号通行及收取拥堵费等均属于交通需求管理。交通控制是对交通流的一种技术性管理，通过管理道路交通基础设施及合理管制与引导交通流，提高道路通行效率。交通控制策略包括节点交通控制（例如信号控制交叉口）、干线交通控制（例如绿波带）及区域交通控制。区域交通控制以全区域所有车辆的通行效率最高为管理目标，旨在同时实现节约能源和减少环境污染。

交通基础设施管理、交通事件管理和勤务管理等属于交通管理的基础需求。交警目前使用的系统大多集成了这 3 种功能。在交通执法方面，执法记录仪已成为基层交通管理部门的标配，能够实时便捷地收集有效证据，保障执法人员和执法对象的权益，有效规范执法行为，促进执法水平的提升；在停车管理方面，停车难和效率低一直是影响车主出行的交通难题，集云收费、云管理、云支付和云运维于一体的智慧停车系统正在逐渐改善这种现状，免取卡不停车、车位引导、取车引导和电子收费等功能真正实现了智能停车管理，给车主带来了极大的便利。

2. 电子收费

电子收费系统主要应用于高速公路不停车收费，即电子不停车收费（Electronic Toll Collection，ETC）系统。ETC 系统于 20 世纪 80 年代开始兴起，到 20 世纪 90 年代在世界各地使用，受到各国政府和企业的广泛重视。ETC 系统主要涉及车辆自动识别、车型自动分类和视频稽查 3 种功能。

- 车辆自动识别。该功能是电子收费系统的关键部分，主要任务是精确完成车辆身份的有效识别。待收费车辆行驶到特定区域后，系统就会自动识别车辆的"身份"。实现该功能通常采用射频、光学、红外和微波等技术。
- 车型自动分类。高速公路上对不同车型的收费标准各不相同，需要对车型进行精确判断。该功能除了采用图像识别技术，通常还需要融入激光扫描分型和光幕检测技术，从而提高车型识别的准确率，此外，还应用了基于红外检测和压力传感器的车型自动分类系统。
- 视频稽查。视频稽查主要是指对通过换卡、倒卡或闯关卡偷逃高速公路通行费的车辆进行跟踪查控，甚至能对几何超限的车辆进行监测报警。该功能主要采用视频图像分析技术来实现。

此外，随着移动互联网的发展，电子收费理念还应用于停车收费领域。停车场入口和出口的检测单元将车辆的进场信息和出场信息传到服务器，服务器经过计算将消费信息以二维码的形式发送至停车场出口的电子收费设备，车主通过第三方支付平台扫描二维码进行付款，提高停车收费的效率，降低管理成本。

3. 交通信息服务

交通信息服务主要向出行者传递有用的交通服务信息，包含出行前信息、出行中信息、个性化信息

交通信息服务领域的发展主要体现在信息类型和发布手段的不断丰富和多样化。目前，出行者可以通过手机短信接收公共交通票务信息、目的地天气或休闲娱乐信息，可以通过手机导航软件快捷准确地到达目的地，可以在旅行途中通过引导屏、广播、电视、微信和微博等多种手段接收各类交通信息，根据自身需求选择恰当的出行方式、出行路线及出行时间。随着云计算和大数据技术在后台的应用，交通信息服务也越来越准确、智能和及时，这让出行变得更科学、更绿色低碳。公共交通乘客出行信息需求见表 1-1，驾驶员出行信息需求见表 1-2，现有的交通信息服务已经基本能覆盖这些需求。

表 1-1 公共交通乘客出行信息需求

信息类型	信息类别	信息内容
出行前信息	票务信息	检票方式、购票地点和票价等
	时刻信息	发车班次表和间隔时长等
	站点信息	所经过站点、主要换乘站点和路网衔接状态等
出行中信息	引导乘车信息	站台布局、乘车方向、地图和警告等引导信息
	车辆运行信息	车辆到站、车辆离站、发车间隔、实时位置和行程时间等信息
	服务信息	车内拥挤程度、高峰时段及是否有座位等信息
	换乘信息	公交线网内和多方式的换乘信息
	紧急信息	特殊事件及应急信息
个性化信息	公共服务设施信息	前往公共服务场所的乘车和换乘等信息
	沿线景点信息	城市旅游景点的乘车及换乘信息
	增值服务信息	天气、新闻、周边、休闲娱乐等信息

表 1-2 驾驶员出行信息需求

信息类型	信息类别	信息内容
正常信息	交通状态信息	各道路交通状况（常发性）拥挤情况、延误时间
	行程时间信息	路段行程时间
出行中信息	异常事件信息	事件类型、事件地点、针对事件的交通管制措施、事件持续时间、偶发性拥挤情况
	交通状态信息	拥堵情况（排队长度）、事件影响区段车速、事件影响区段的延误时间
	替换路线信息	推荐替换路线
	行程时间信息	路段行程时间

4. 智能公路与安全辅助驾驶

智能公路系统以公路智能化为基础，遵循道路交通基础设施与车载系统协调配合的理念，实现车辆辅助驾驶及特定条件下的自动驾驶，从源头减少人为误操作而引发的交通问题，提高交通运输的安全性和运行效率。目前，智能公路系统的发展方向有基于视觉的环境感知技术、多传感器融合技术和自动驾驶。

（1）基于视觉的环境感知技术

基于视觉的环境感知技术主要应用于对驾驶员的状态进行监测。通过对驾驶员驾驶期间面部状态的智能识别，判断驾驶员是否存在不安全驾驶行为。如果驾驶员存在频繁打哈欠、频繁闭眼、频繁点头或长时间表情夸张等状态，系统将智能判别出驾驶员处于疲劳驾驶、酒后驾驶或兴奋驾驶等不安全状态，从而判断车辆处于不安全驾驶状态，并及时给出相应的报警提示。

（2）多传感器融合技术

德国大众汽车公司利用多传感器融合技术研发了多项车辆安全辅助驾驶系统，例如，主动安全制动系统通过不断监控和搜集传感器数据，跟踪驾驶员和车辆的驾驶状态，包含驾驶员目前的操控策略、车辆的速度和加速度、前后车辆的距离和速度、行驶道路的几何形状等，以便做出对车辆最安全的主动控制；综合横向辅助系统使用各种传感器扫描车辆前面的空间，再由该系统将所有传感器的信息融合成一个整体画面并对其进行分析，然后发出一个横向的导向控制信号，传递给动力转向系统，若车辆偏离，动力转向系统会施加轻微的力使车辆回到原本的车道；行人和非机动车辆安全系统通过遥感技术提前检测可能发生的意外，从而避免碰撞事故的发生，或减轻事故的严重性。

（3）自动驾驶

自动驾驶是指将多种传感设备和智能软件安装到车辆上，以实现车辆安全自主驾驶到达目的地。根据 GB/T 40429—2021《汽车驾驶自动化分级》的规定，自动驾驶技术分为 L0～L5 共 6 个等级。

- L0——纯人工驾驶。
- L1——驾驶自动化。
- L2——辅助驾驶。
- L3——自动辅助驾驶。
- L4——自动驾驶。

- L5——无人驾驶。

目前，无人驾驶汽车成为研究热点，传统汽车企业和 IT 行业巨头竞相加入，不少研发车型已接近量产。谷歌和奥迪等开发的无人驾驶汽车已获得美国加利福尼亚、内华达、密歇根及佛罗里达州发放的公路试验牌照，谷歌无人驾驶汽车已经实现零事故行驶超过 80 万千米。从汽车制造商到科技巨头，再到各国政府、组织，越来越多的人将无人驾驶汽车看作整个汽车行业的未来。但是，科技成果与产业化之间的差距较大、研发生产成本高、安全性不稳定等依旧是无人驾驶汽车产业化的瓶颈。

5. 交通运输安全

交通运输安全主要是指各种道路的安全管理和紧急救援。道路安全管理包括道路安全工程和道路安全审查。道路安全工程应确保道路具备比较完善的安全设施，除了路面标识、标线和视线引导设施清晰醒目，在必要的地段和路侧需要设置防撞栏杆，使失控车辆平滑地改变方向，防止危及其他车辆，保障人身安全。道路安全审查旨在确定道路潜在的安全隐患，采取合适的安全对策，使安全隐患得以消除或以较低代价降低其负面影响，保障道路在规划、设计、施工和运营各个阶段均考虑安全需求。

当道路发生紧急事件时，在事件的发现、处置和交通恢复正常等过程中，信息的采集、处理和运用非常重要，各种信息的快速与精确获取及各部门间信息流动渠道的畅通是完成快速、高效救援的保障。

6. 运营管理

运营管理包括公交车规划、公交车运营管理、出租车运营管理和特种运输管理等内容，主要服务于公共交通企业运营管理者，提高运营管理效率，提升企业管理水平，实现企业创新转型。

目前，多数运营管理基于 GPS 实现。以公交车运营管理为例，运营管理系统由调度系统、车载系统和电子站牌系统等组成。其中，调度系统由调度信息总控中心、线路调度基础平台和分运营管理平台组成。调度信息总控中心由监控管理系统、运营管理系统、地理信息系统、大屏幕显示系统、通信系统和运营保障管理系统等组成；

线路调度基础平台包括通信、控制、显示及发车显示屏；分运营管理平台包括分运营平台控制、通信和分运营平台显示3个模块。整个系统实现了自动排班、运营车辆定位、自动报站、集成电路（Integrated Circuit，IC）卡消费自动传输、实时可视化调度、超速报警、车辆运行轨迹回放、电子站牌预报发车和来车信息显示等功能，从企业角度做到对公交车运营过程全程可控，从公众角度做到公交车运行状态实时查看，从而合理安排出行时间及路线。

7. 综合运输

综合运输是围绕客运"零距离换乘"、货运"无缝化衔接"的目标，推动各种运输方式功能融合、标准协同、运营规范、服务高效的运输方式，是智能交通体系的重要组成部分。综合运输服务主要包括货物联运管理、旅客联运管理、货物联运管理3个方面。《综合运输服务"十四五"发展规划》中指出，综合运输服务的主要任务包括构建协同融合的综合运输一体化服务、快速便捷的城乡客运服务、舒适顺畅的城市出行服务、集约高效的货运与物流服务、安全畅通的国际物流供应链服务、清洁低碳的绿色运输服务和数字智能的智慧运输服务等。

8. 交通基础设施管理

交通基础设施管理包括交通基础设施维护、路政管理和施工区管理等。随着桥梁、隧道和边坡的大规模建设，桥梁、隧道和边坡工程的结构不可避免地遭到地质恶化、环境荷载、腐蚀、疲劳等因素的影响，可能导致桥梁、隧道和边坡主体结构的损坏和劣化。施工区管理是工程建设管理的重点，大型机场、铁路枢纽等工程建设，需要经常查看现场情况，及时了解项目进展，以便对工程进行指挥调度、巡查巡检和监督管理。

9. ITS 数据管理

随着交通数据采集手段的不断丰富，交通领域率先迈入大数据时代，ITS 数据管理成为感知现在、预测未来、面向服务的重要支撑手段，构建安全高效的大数据处理体系成为解决城市交通问题的关键。ITS 数据管理包括交通数据的采集（接入）与存储、交通数据的融合与处理、数据交换与共享、数据应用支持和数据安全等。

1.1.5 智能交通面临的挑战

智能交通面临的挑战主要集中在数据安全隐私挑战、顶层设计与部门行业之间的分治挑战、交通基建长久性与智能技术快速更新换代之间的挑战、技术排斥与交通公平之间的挑战、技术革新与保障就业之间的挑战、新兴商业模式与行业可持续性之间的挑战，道路的数字化升级是解决智能交通发展矛盾的重要抓手。

1. 数据安全隐私和挑战

智能交通高精度的实时监测控制系统在为用户提供便利的同时，也存在个人隐私泄露等诸多隐患。实时定位、轨迹追踪、视频监控、人脸识别技术等都将用户暴露在一个未知的风险中，这些高精度信息若被恶意操纵，将严重危害社会安全。

2. 顶层设计与部门行业之间的分治挑战

智能交通是一个复杂的系统，涉及规划、建设、管理、运营等环节，以及多个部门。同时，智慧城市建设在跨部门信息共享、跨系统应用集成等方面仍然面临"信息鸿沟""数据孤岛"等诸多难题，尤其是在顶层设计上缺乏统一的行业标准。

3. 交通基建长久性与智能技术快速更新换代之间的挑战

交通基建一旦建成，其物理形态、空间占有和实体功能等特点不会像智能技术软件一样容易得到更新，而且其更新耗资巨大。如何实现智慧交通体系中的"硬""软"协同发展，如何在交通网络建设中保持硬件设施对未来科技不确定性的适应能力，是交通基建的重要挑战。同时，智能交通系统要适应快速变化的社会环境，例如消费需求、生活方式的变化等。鉴于此，构建智能交通刻不容缓。

4. 技术排斥与交通公平之间的挑战

公平、包容是智慧城市的重要原则，但这并不代表所有的人都有享受智慧技术的条件。也就是说，新智慧交通技术可能会使一部分人无法享受智能交通服务。研究表明，老年人等社会弱势群体对新技术、新概念的学习成本高，阻碍了他们享受智能交通服务。在德国，有相当比例的低收入、低教育水平的人群被智慧交通技术排斥，这进一步加剧了"交通贫困"。这就要求智慧交通树立"科技向善"的发展导向。

5. 技术革新与保障就业之间的挑战

智能交通是技术密集型行业，大大提高了劳动生产率，节约了劳动力的投入数量。智能交通的大力发展也使传统交通产业部门的就业岗位减少。例如，"一站式"智能化平台将诸多传统交通的线下业务转到线上——用互联网及算法实现，传统的售票员、收费员、交通管理员等工作岗位的数量受到压缩；无人机物流和无人驾驶技术应用后，有相当一部分快递员和出租车司机面临失业风险；2019年ETC系统的推广普及，导致大量的收费员失业。如何处理好智慧交通技术更新和就业保障之间的关系，是一个需要我们积极面对的问题，尤其是在当前国际形势紧张、国内经济增长压力大的背景下，智能交通技术推广与交通就业的关系亟须得到关注。

6. 新兴商业模式与行业可持续性之间的挑战

智慧交通发展初期以政府引导和支持为主，但随着市场化进程的推进，智能交通行业在竞争激烈且不确定的市场中如何获得长久利润，进而得以持续发展，是一个大的挑战。目前来看，可持续盈利的商业模式并不多见。例如，诞生于2009年的优步公司，在经过10年持续亏损之后，宣称在2020年年底盈利。智能交通在个性化、私人化、定制化的交通服务领域是以市场为主导的，探索新的商业模式刻不容缓。

1.2　汽车技术的发展

1.2.1　汽车工业的发展

1886年，世界上第一辆汽车诞生于德国，发明人是卡尔·本茨，他被业界誉为"汽车之父"。自此，替代马车的新一代日常交通工具正式登上了历史舞台。20世纪90年代中后期，随着高速公路、汽车工业、生产工艺的不断突破，汽车社会逐步形成。进入21世纪后，消费者对安全、舒适性需求的日益增长及政府相关法规政策的不断健全，已成为基于环境感知的高级驾驶辅助系统（Advanced Driving Assistance System，ADAS）产品大规模商业化的主要驱动力。而随着车用无线通信技术（Vehicle to X，V2X）、AI 等技术的发展，我国作为全球第一大汽车市场，自主品牌已逐步崛起。我国在大力发展新能源汽车的同时，携手互联网科技公司致力于自动驾驶关键技术与应用创新，不断寻求新突破，而新能源与自动驾驶将会是我国汽车工业实现"弯道超车"的一个重要契机。汽车工业发展历程如图 1-4 所示。

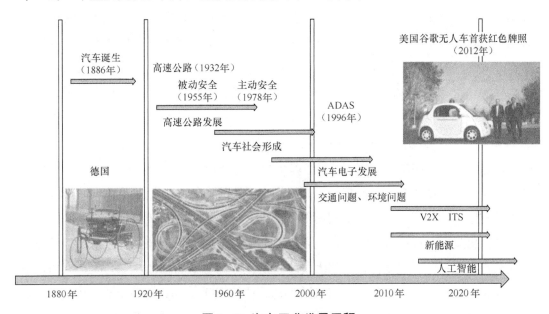

图 1-4 汽车工业发展历程

1.2.2 自动驾驶的发展

关于自动驾驶及规范智能汽车路测方面的探索，德国、美国、日本起步较早。

1939 年，美国通用汽车公司在纽约世界博览会上首次展出了 Futurama 无人驾驶概念设计，提出了一种朴素的自动化高速公路设想。直至 1984 年，卡耐基梅隆大学研制了全球首辆真正意义上的无人驾驶车辆。进入 21 世纪，美国国防部先进研究计划局（Defense Advanced Research Projects Agency，DARPA）举办大挑战赛与城市挑战赛，掀起了无人驾驶技术研发的热潮，这是无人驾驶发展史上的里程碑事件。

2009 年，谷歌正式启动无人驾驶汽车项目，谷歌是世界上第一家推行无人车上路测试的公司。2011 年，德国柏林自由大学顺利挑战了交通信号灯、环岛、拥堵通行等诸多项目。2012 年，谷歌无人车首获由美国内华达州颁发的第一张红色牌照。2016 年，优步在美国正式向公众开放无人驾驶汽车出行服务。2016 年 12 月，谷歌拆分无人驾驶业务，成立了 Waymo 实体公司，加速了无人驾驶汽车的商业化进程。

在我国，2014—2016 年，李德毅院士领导的"猛狮Ⅱ号"团队在中国智能车未来挑战赛上蝉翼三连冠。2017 年 7 月，百度 CEO 李彦宏亲自试乘百度自主研发的无人车，并发布了百度 Apollo 计划，即开源自动驾驶平台计划。2018 年 3 月，我国正式颁发了 3 张智能网联汽车开放道路测试牌照。2018 年 8 月，百度与金龙客车联合研制的无人驾驶小型巴士实现了小规模量产，该款无人小巴革新了传统驾驶舱设计，没有开放方向盘、刹车等操控装置，主要适用于园区、景区、码头等相对封闭的道路通勤。2019 年 9 月，基于 Apollo 开放平台的自动驾驶出租车队 Robo Taxi 在湖南长沙正式试运营。

自动驾驶主要分为两种技术路线，一种是基于车侧的单车智能技术路线，另一种是通过对车端和路端进行能力化，实现车与路的感知与协同，即车路协同技术路线。单车智能技术路线对车侧进行智能化升级和改造，通过在车上安装摄像头、激光雷达、毫米波雷达等传感器，让车感知到周围的情况，实现对道路要素和交通要素的感知，并自动做出反应。该技术路线的优点是场景的适应度高，不要求改造道路基础设施，其缺点是在超视距、视觉盲区、恶劣气象、逆光等环境下的感知效果会大打折扣。车路协同技术路线通过在车侧安装毫米波雷达、路侧单元（Road Side Unit，RSU）设备实现对交通要素和交通状态的感知，通过 V2X 将信息实时传送给车辆，实现车与路的感知与协同，从而实现自动驾驶。该技术路线的优点是能够解决单车智能超视距和视觉盲区的问题，让车辆能够更加安全地自动驾驶，其缺点是需要对现有道路基础设施进行改造，自动驾驶的路线和区域会受到改造范围的影响，道路基础建设周期较长、投资较大。

1.3 数字道路的发展

1.3.1 数字道路的概念与内涵

智能交通通过将人、车、路密切配合，极大地提高了交通运输效率，保障了交通安全，改善了交通运输环境。当前，数据已经成为第五大生产要素，大数据、人工智能、物联网等新一代信息技术广泛应用于交通领域，促进智能交通发展，助力智能交通迈向下一个阶段。

此外，道路升级与汽车技术进步之间呈耦合式发展关系。工业革命后，汽车的出现促进了柏油碎石路的诞生。道路条件的改善使汽车开始大规模生产。例如，高速公路出现之后，汽车技术中的辅助安全系统应运而生。可以说，道路行业与汽车产业之间的关系是相辅相成、相互促进的。当前，汽车正向着智能化、网联化、无人化的方向发展，道路基础设施向智能化转型升级，因此数字道路的出现是必然结果。数字道路作为车路协同、全息孪生的数字交通基础设施，利用大数据、云计算、5G、人工智能等数字技术促进道路交通围绕便捷、经济、绿色、安全等层面转型升级，这也是其重要价值和历史使命。

目前，数字道路没有统一的标准和定义，与之相关的概念有智慧公路、智慧高速、智慧道路等，为准确、科学、合理地定义数字道路，本书将对我国发布的一系列政策文件、标准指南中与数字道路有关的定义进行梳理，并在此基础上提出数字道路概念。

《广东省智慧高速公路建设指南（试行）》中对智慧高速公路的定义为：应用现代先进信息技术，贯穿规划、建设、管养、运营全生命周期，融合建设智慧感知、智慧管控、智慧服务能力，并不断自我演进的高速公路。

《浙江省智慧高速公路建设指南（暂行）》中对智慧高速公路的定义为：对通信技术、控制技术和信息技术等在公路系统中集成应用的统称，包括智能设施、智能决策、智能服务和智能管控等，从而形成具备信息化、智能化、社会化的交通运输综合管理、运营服务和控制系统。

《浙江省数字化城市道路建设技术指南（试行）》中对数字化城市道路的定义为：具有道路设施状态及运行状态全息感知、动静态数据融合分析、基础设施病害智能检测、机非人动态管控、车路秒级交互等数字化智能化能力的城市道路。

北京市《智慧高速公路建设指南（试行）》中对智慧高速公路的定义为：充分利用新一代信息技术，实现智慧化感知、智慧化服务、智慧化管理，促进人、车、路、环境的深度融合及协同，最终实现建设、管理、养护、运营、服务全过程数字化和智能化的高速公路。

《江苏省智慧高速公路建设技术指南》中对数字道路的定义为：在全路网范围内实现全要素感知、全方位服务、全过程管控、全数字运营等，实现人、车、路智能网联和高效协同，实现全智能化的高速公路业务管理的高速公路。

山东省《智慧高速公路建设指南》中对数字道路的定义为：基于业务需求，以数据为核心，充分利用现代技术，提升多源感知、融合分析及决策支持能力，促进人、车、路、环境的深度融合，实现建设、管理、养护、运营、服务全过程数字化和智能化的高速公路。

《甘肃省智慧高速公路建设技术指南》中对数字道路的定义为：在云计算、边缘计算、物联网、5G、人工智能等先进技术的支撑下，实现路网信息全面精准感知、数据传输双向高效互通，在数据和模型的双重驱动下，具备多智能体协同的精确交通管控能力，为用户提供丰富的有针对性的出行服务，最终实现安全、便捷、绿色、高效的公路系统。

《河南省智慧高速公路建设技术指南（试行）》中对数字道路的定义为：基于交通工程理论，构建以数据为核心的协同管控与创新服务体系。利用"人的智慧思维＋先进的技术手段＋协同的运行机制＋创新的模式"，实现全要素实时感知、全过程管控、全数字运营、伴随式信息服务的高速公路。

《云南省智慧高速公路建设指南（试行）》中对数字道路的定义为：在高速公路沿线布设相应设备设施并建有交通运行控制中心，集成应用传感、通信、信息、云计算、大数据、人工智能和绿色能源等先进技术，实现汽车更加安全、快速和绿色行驶的高速公路。

数字道路是数字城市的重要组成部分和重要支撑手段，是对真实道路及其附属设施的数字化认识。数字道路可以理解为综合运用感知技术（视频、地磁、雷达、遥感、遥测、红外、毫米波等）、通信技术（5G、C–V2X[1]）、北斗卫星导航系统、虚拟现实及计算机技术对道路基础设施、功能机制进行全方位的数字采集和处理，辅助道路的管理和优化。

1.3.2 数字道路的等级分类

对于交通体系，两个基本的要素是交通载体（即城市道路）和交通个体（车或人），道路交通的正常高效运转归根结底是以上两个要素的平衡问题。交通个体的出行需求可以分为长距离出行和短距离出行，两种出行方式的交通流特性、运载工具、出行规

1　C–V2X（Cellular–V2X，蜂窝车联网）。

律、时空特性均有较大差异。为了使道路能够适应不同的出行需求，保证交通运行的安全、高效、便捷，根据功能对道路进行分级是各国交通运输行业的共同选择。总体来说，较高等级道路负责长距离出行，以机动性、车辆运输性为主；较低等级道路负责短距离出行，以可达性、生活服务性为主。

数字道路是数字化背景下产生的新型道路形态，综合考虑各方面因素，从不同维度对其进行等级划分是支撑自动驾驶、智能网联、车路协同发展的必要一环。

2019年3月，欧洲道路运输研究咨询委员会发布"网联式自动驾驶路线图"，基于SAE[1]自动驾驶等级提出了自动驾驶基础设施分级，将数字道路由高到低划分为A～E 5个等级。自动驾驶基础设施分级见表1-3。

表1-3 自动驾驶基础设施分级

	分级	名称	描述	可提供给自动驾驶车辆的数字化信息			
				具有静态道路标识的数字化地图	可变信息交通标志牌、告警、事故、天气	微观交通情况	导航：速度、间距、车道建议
数字化基础设施	A	协调驾驶	基于车辆移动的实时信息，基础设施可以引导自动驾驶车辆（单车或编队）实现全局交通流优化	✓	✓	✓	✓
	B	协同感知	基础设施可以感知微观交通情况，并实时提供给自动驾驶车辆	✓	✓	✓	
	C	动态数字化信息	所有动态和静态基础设施信息可以以数字化形式获取并提供给自动驾驶车辆	✓	✓		
传统基础设施	D	静态数字化信息/地图支持	可获取包括静态道路标识的数字化地图数据。地图数据可以通过物理参考点（地标标识）补充。而交通信号灯、短期道路工程和可变信息交通标志牌需要自动驾驶车辆识别	✓			
	E	传统基础设施/不支持自动驾驶	无数字化信息的传统基础设施。自动驾驶车辆需要识别道路几何和道路标识				

---

1 SAE（Society of Automotive Engineers，汽车工程师学会）。

2019年9月21日，中国公路学会自动驾驶工作委员会、自动驾驶标准化工作委员会发布了《智能网联道路系统分级定义与解读报告（征求意见稿）》。从交通基础设施系统的信息化、智能化、自动化角度出发，结合应用场景、混合交通、主动安全系统等情况，把交通基础设施系统分为I0级到I5级。中国公路学会数字道路分级见表1-4。

表1-4 中国公路学会数字道路分级

分级	信息化（数字化/网联化）	智能化	自动化	服务对象	应用场景	接管
I0	无	无	无	驾驶员	无	驾驶员
I1	初步	初步	初步	驾驶员/车辆	多数	驾驶员
I2	部分	部分	部分	驾驶员/车辆	部分场景	驾驶员
I3	高度	有条件	有条件	驾驶员/车辆	专用道在内的主要道路	驾驶员
I4	完全	高度	高度	车辆	特定场景/区域	交通基础设施系统
I5	完全	完全	完全	车辆	全部	交通基础设施系统

2020年12月，中国智能交通产业联盟发布《智慧高速公路车路协同系统框架及要求》，其中的规范性附录给出了智慧高速车路协同系统等级划分，其中，每一级都是在前一级基础上的增强配置和升级应用服务。中国智能产业联盟数字道路分级见表1-5。

表1-5 中国智能产业联盟数字道路分级

能力等级	道路条件	车路协同能力	车路通信能力
1级（基础道路）	道路交通标志和标线设施完备	• 静态标志标线，无可识读电子标志 • 信息发布：可变信息情报板（Variable Message Sign，VMS）、红绿灯、车道通行灯等常规方式 • 路侧设施：道路检测感知设备（摄像头、气象传感器、雷达等）自成体系，未网联化	车辆识别道路物理标志，无数据信息交互

续表

能力等级	道路条件	车路协同能力	车路通信能力
2级（数字化道路）	安装路侧智能感知（气象、交通流）、通信和计算设备	• 标志标线：具备车道级标志标线信息推送功能 • 信息发布：具备非视距信息推送功能，可将信号灯、限速标志、车道线、动态事件、气象、施工、预警信息等推送至车辆 • 路侧设施：支持蜂窝和C-V2X车路直连通信；提供本地交通流、动态事件感知及计算；提供V2N[1]车联网业务、高精地图及定位辅助	路侧设施网联化部署，具备交通信息推送能力
3级（多源融合感知道路）	具备基于云控平台的道路管控服务，支持全域交通信息采集、车路协同感知融合和交通信息处理	• 双向信息交互：具备RSU-OBU[2]双向通信功能 • 路侧设施：C-V2X支持单播/组播通信；可为自动驾驶车辆提供高精地图及定位辅助信息 • 交通控制：具备全域交通感知和交通流控制调节能力；可提供车路协同服务（例如分合流预警、紧急情况预警等）	车路数据实时交互
4级（协同控制道路）	支持自动驾驶车辆编队行驶和在线调度	• 交通控制：支持自动驾驶车辆协同决策，具备快速交通调度和决策能力	车路一体化信息交互和协同控制

注：1 V2N（Vehicle to Network，车辆与网络通信技术）。
　　2 OBU（On Board Unit，车载单元）。

2021年3月，中国智能交通协会发布《智慧高速公路分级（征求意见稿）》。智慧高速公路等级由低到高分为无智慧、简单智慧、基本智慧、协同式智慧和可持续、自主可控智慧5个技术等级。中国智能交通协会数字道路分级见表1-6。

表1-6　中国智能交通协会数字道路分级

智慧等级	等级名称	基本条件	实现目标	关键内容	服务及管理实施主体	信息服务方式	管控方式	外场设备设施
D0	无智慧	土木工程	满足车辆上路的基本要求	应急电话、服务热线	人	无	标志标牌	标志标牌

续表

智慧等级	等级名称	基本条件	实现目标	关键内容	服务及管理实施主体	信息服务方式	管控方式	外场设备设施
D1	简单智慧	传统三大系统	满足高速公路使用者的基本要求	ETC系统、视频监控、应急处置、信息查询服务	人为主、智慧为辅	静态信息为主	被动	VMS、视频监控、检测器
D2	基本智慧	数字化和信息化基础设施	建设智慧化的基础条件	基础设施数字化、信息共享、自由流收费、智慧服务区	人、智慧共管	动态、实时信息	主动	高精度定位、设施监测、智能感知监测设备
D3	协同式智慧	V2X、云控平台	具有支持高级别自动驾驶应用能力	编队行驶车队管控、车道路权分配	人为辅，智慧为主	车道级高精准信息	智能协同	车路协同设施
D4	可持续、自主可控智慧	绿色能源供给体系	可持续、低排放、资源节约、抵御恶劣气象和自然灾害的能力	全天候、新能量供给、自我诊断和维修能力的绿色材料	无人参与、人可干预重要管理	按需提供信息	自动	新能源、新材料、高智慧化设施

自2022年3月1日起实施的《汽车驾驶自动化分级》（GB/T 40429—2021）对汽车自动驾驶进行了6个等级的划分，分别为0级（应急辅助）、1级（部分驾驶辅助）、2级（组合驾驶辅助）、3级（有条件自动驾驶）、4级（高度自动驾驶）、5级（完全自动驾驶）。

本书参照上述标准的分类方法，将数字道路划分为6个等级，使用I0～I5表示，I为Intelligent的首字母。传统道路为I0级，表示无数字化。依据传统城市道路交通服务水平评价方法，本书的数字道路服务水平需要综合考虑交通安全、效率、舒适度、成本等维度。根据现有的道路分级和自动驾驶分级标准，不同等级的自动驾驶车辆和不同智能化程度的数字道路相耦合的结果对应不同的服务水平。数字道路智能化水平分类如图1-5所示。

第1章 数字道路概述

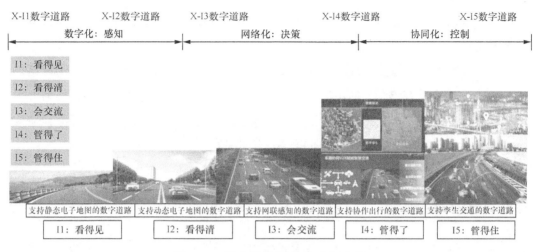

图1-5 数字道路智能化水平分类

I1：数字道路可以提供给车辆数字化地图数据和静态道路标志信息，车辆的辅助驾驶系统可以根据道路信息帮助驾驶员调整车辆运行状态，道路上由于标志标线不清晰、驾驶员注意力不集中、驾驶员不熟悉路况等造成的交通事故和交通拥堵情况大大减少，特定道路运行效率明显提升。由单一的车辆辅助驾驶导致的车辆急加速、急减速等对乘客造成的不舒适的驾驶行为大大减少。在进行该数字道路整体设计和相关设备设施选择时，应该充分考虑成本。

I2：数字道路可以给车辆提供动态电子地图信息，车辆的自动驾驶系统可以在相应道路上自动调整车辆的驾驶状态，驾驶员主要负责车辆的安全监控，道路上各类交通事故数量、交通拥堵点段大大减少，道路运行效率明显提升，自动驾驶系统控制车辆基本不会出现急加速、急减速等情况，乘客的乘车舒适性明显提升。在进行该数字道路整体设计和相关设备设施选择时，应该充分考虑成本。

I3：数字道路可以给车辆提供全息感知数据信息，车辆的自动驾驶系统可以在城市大部分区域实现完全自动驾驶，驾驶员基本不需要对车辆的运行状态进行监管，道路上很少出现交通事故、交通拥堵，道路运行效率大幅提升，车辆基本不会采用令乘客感到不舒适的驾驶行为，可满足大部分能力受限群体作为驾驶员乘车出行的需求。在进行该数字道路整体设计和相关设备设施选择时，应该充分考虑成本。

I4：车辆与数字道路实现高度互联互通，道路上极少出现交通事故、交通拥堵，车辆不会采用令乘客感到任何不舒适的驾驶行为，道路运行效率明显提高。绝大多数群体均可实现作为驾驶员的无差别乘车出行。在进行该数字道路整体设计和相关设备设施选择时，应该充分考虑成本。

I5：车辆与数字道路实现完全互联互通，道路上不会出现交通事故、交通拥堵，车辆不会采用令乘客感到任何不舒适的驾驶行为，城市道路运行效率极高，任何群体均可实现无差别乘车出行。在进行该数字道路整体设计和相关设备设施选择时，应该充分考虑成本。

1.4 相关政策

本节主要围绕智慧高速、交通运输领域新型基础设施、数字交通、交通信息化、道路自动驾驶等从不同层面梳理近年来颁布的政策性文件，以使读者了解数字道路的发展前景和宏观环境。

1.4.1 国家规划，高屋建瓴

2019年9月，国务院印发《交通强国建设纲要》，其中要求大力发展智慧交通，推动大数据、互联网、人工智能、区块链、超级计算等新技术与交通行业深度融合。推进数据资源赋能交通发展，加速交通基础设施网、运输服务网、能源网与信息网络融合发展，构建泛在先进的交通信息基础设施。

2021年2月，国务院印发《国家综合立体交通网规划纲要》，提出到2035年，基本建成便捷顺畅、经济高效、绿色集约、智能先进、安全可靠的现代化高质量国家综合立体交通网，交通基础设施质量、智能化与绿色化水平居世界前列。到21世纪中叶，全面建成现代化高质量的国家综合立体交通网，拥有世界一流的交通基础设施体系，交通运输供需有效平衡、服务优质均等、安全有力保障。新技术广泛应用，实现数字化、网络化、智能化、绿色化。

2022年1月，国务院印发《"十四五"现代综合交通运输体系发展规划》，提出注重新科技深度赋能应用，提升交通运输数字化智能化发展水平；5G、物联网、大数据、云计算、人工智能等技术与交通运输深度融合，交通运输领域新型基础设施建设取得重要进展，交通基础设施数字化率显著提高。

从国家层面来看，国务院印发的3个纲领性文件，指出道路基础设施要适应新时代发展，与5G、大数据、人工智能、物联网等新技术深度融合，加快实现数字化，助力实现交通强国，提高和完善交通行业治理能力和治理体系，满足人民群众日益增长的交通出行需求。

1.4.2 部委政策，有的放矢

1. 交通运输部

2016年4月，交通运输部在《交通运输信息化"十三五"发展规划》中首次提出推进智慧公路示范应用。

2018年2月，交通运输部在《关于加快推进新一代国家交通控制网和智慧公路试点的通知》中确定6个试点方向，即基础设施数字化、路运一体化车路协同、北斗高精度定位综合应用、基于大数据的路网综合管理服务、"互联网＋"路网综合服务、新一代国家交通控制网，意味着智慧公路建设迈入加速阶段。

2019年7月，交通运输部发布《"数字交通"规划发展纲要》，提到数字交通是数字经济发展的重要领域，是以数据为关键要素和核心驱动，促进物理和虚拟空间的交通运输活动不断融合、交互作用的现代交通运输体系。到2025年，交通运输基础设施和运载装备全要素、全周期的数字化升级迈出新步伐，数字化采集体系和网络化传输体系基本形成。到2035年，交通基础设施完成全要素、全周期数字化，天地一体的交通控制网基本形成，按需获取的即时出行服务广泛应用。

2020年8月，交通运输部提出《关于推动交通运输领域新型基础设施建设的指导意见》，要求先进信息技术深度赋能交通基础设施，精准感知、精确分析、精细管理和精心服务能力全面提升，成为加快建设交通强国的有力支撑。此外，将智慧公路作为主要建设任务之一，要求推动先进信息技术应用，逐步提升公路基础设施规划、设计、建造、养护、运行管理等全要素、全周期的数字化水平。

2020年12月，交通运输部印发《关于促进道路交通自动驾驶技术发展和应用的指导意见》，将提升道路基础设施智能化水平作为四大主要任务之一，不仅要加强基础设施智能化发展规划研究，更要有序推进基础设施智能化建设，统筹数字化交通工程设施、路侧感知系统、车用无线通信网络、定位和导航设施、路侧计算设施、交通云控平台等部署建设，推动道路基础设施、载运工具、运输管理和服务、交通管控系统等互联互通。

2021年8月，交通运输部印发《关于交通运输领域新型基础设施建设行动方案（2021—2025）》，明确提出推动公路感知网络与公路基础设施建设养护工程同步规划、同步实施，提升公路基础设施全要素、全周期数字化水平。增强在役基础设施检测监测、评估预警能力，建设监测、调度、管控、应急、服务一体的智慧路网平台。

2022年1月，交通运输部印发《公路"十四五"发展规划》，明确提出加快公路基础设施数字化改造，推进公路基础设施全要素、全周期数字化转型发展，加强重点基础设施关键信息的主动安全预警。出行信息发布更加及时精准高效，信息发布方式更加丰富多样，公路出行信息服务水平大幅提高。

2022年5月，交通运输部印发《关于扎实推动"十四五"规划交通运输重大工程项目实施的工作方案》，提出要实施"交通运输新基建赋能工程"，强调以数字化、网络化、智能化为主线，推动感知、传输、计算等设施与交通运输基础设施协同高效建设。

2. 国家发展和改革委员会

2020年4月，国家发展和改革委员会发布《2020年新型城镇化建设和城乡融合发展重点任务》，提出实施新型智慧城市行动，完善城市交通运输等领域信息系统和数据资源，完善城市数字化管理平台和感知系统，打通社区末端，织密数据网格，整合卫生健康、公共安全、应急管理、交通运输等领域信息系统和数据资源。

2021年3月，国家发展和改革委员会发布《中华人民共和国国民经济和社会发展第十四个五年规划和2035年远景目标纲要》，提出积极稳妥发展车联网、自动驾驶和车路协同的出行服务，拓展智能交通数字化应用场景，加快交通信号灯等传统基础设施数字化改造，加强泛在感知、终端互联、智能调度体系建设，推广公路智能化管理、交通信号联动、公交优先通行等多项智能交通建设任务。

3. 住房和城乡建设部

2021年，住房和城乡建设部联合工业和信息化部推出"双智"计划，即促进智慧城市与智能网联汽车的协同发展计划。

4. 工业和信息化部

2021年2月，工业和信息化部、交通运输部、国家标准化管理委员会印发《国家车联网产业标准体系建设指南（智能交通相关）》，提出聚焦营运车辆和基础设施领域，建立支撑车联网应用和产业发展的智能交通相关标准体系，分阶段出台一批关键性、基础性智能交通标准。2021年11月，工业和信息化部在《"十四五"信息通信行业发展规划》中提出，推动C-V2X与5G、智能交通、智能城市等统筹建设，加快在主要城市道路的规模化部署，探索在部分高速公路路段试点应用，推动利用5G等关键技术支持新型城市基础设施建设。

从部委层面来看，交通运输部、国家发展和改革委员会、住房和城乡建设部、工业和信息化部等全面落实《交通强国建设纲要》和《国家综合立体交通网规划纲要》，紧紧围绕《"十四五"现代综合交通运输体系发展规划》，以数字化、网络化、智能化为主线，以先进信息技术赋能交通运输发展，强化交通数字治理，统筹布局交通新基建，推动运输服务智能化，培育产业创新发展生态，加强网络安全保障体系和能力建设，有效提升精准感知、精确分析、精细管理、精心服务能力，促进综合交通高质量发展，为加快建设交通强国提供有力支撑。

1.4.3 地方层面，积极落实

1. 北京市

2020年2月，北京市人民政府办公厅印发《2020年北京市交通综合治理行动计划》，提出建设交通大数据资源共享平台、交通综合决策支持和监测预警平台、停车资源管理与综合服务平台、推进重点区域智能交通示范应用。

2021年4月，北京市交通委员会发布《2021年北京市交通综合治理行动计划》，在智能交通方面，建设交通运行监测调度中心三期，建设新一代公安交管指挥中心，实现交通综合管控、协同调度、应急处置和决策支持。全面实施全市交通信号灯系统智能化改造提升计划，实现全路网重要信号灯的联网智能调控。完成基于"北斗+5G"的网络化智慧公交调度平台设计，强化运营调度中心功能，加强调度系统与大数据平台互联互通。

2. 广东省

2020年，交通运输部同意在广东省开展交通基础设施高质量发展等交通强国建设试点工作，在交通基础设施高质量发展、交通与旅游等产业融合发展、智能交通建设、枢纽服务效率提升、综合交通运输管理体制机制改革等方面开展试点。同年，广东省人民政府印发《广东省推进新型基础设施建设三年实施方案（2020—2022年）》，构建经济社会智慧化运行的基础设施体系，推动物联网深度覆盖，创新基础设施和融合基础设施加快发展，以新型基础设施支撑新经济发展。

2020年12月，广东省发布《中共广东省关于制定广东省国民经济和社会发展第十四个五年规划和二〇三五年远景目标的建议》，明确提出要加快数字化发展。加快推进数字产业化和产业数字化，推动数字经济和实体经济深度融合，建设具有国际竞争力的数字产业集群，打造全球数字经济发展新高地。推动数字化优化升级，建设数字湾区、数字政府、数字社会，建设国家数字经济创新发展试验区，提升公共服务、社会治理等数字化智能化水平。

2021年9月，广东省发布《广东省综合交通运输体系"十四五"发展规划》，提出推进交通基础设施智能化升级，以大数据、移动互联网、人工智能、BIM、5G和北斗卫星导航系统等先进信息技术与交通基础设施深度融合为主线，推动公路、水路、铁路、民航向数字化转型、智能化升级。

2021年11月，广东省交通运输厅发布《广东省数字交通"十四五"发展规划》，将推动基础设施数字化升级作为八大重点建设任务之一，推动交通基础设施数字化转型、智能升级，提升基础设施的安全和效率，在珠三角区域等有条件的高速公路开展智慧高速建设，推进全省高速公路、普通国省道、"四好农村路"智慧化建设，实现基础设施数字化资产管理、路运一体化车路协同、北斗高精度应急指挥调度、自由流收费、"互联网+"服务、基于大数据的路网综合分析决策等业务应用。

3. 浙江省

2020年，浙江省交通运输厅印发《浙江省数字交通建设方案（2020—2025年）（试行）》，促进先进信息技术与浙江省交通运输行业深度融合，纵深推进浙江省数字交通发展，全力支撑高水平交通强省建设；2021年3月发布的《浙江省交通数字化改革行动方案》详细勾勒了浙江省从数字政府到业务数字化,建设、管理、运行、养护的完整蓝图。

4. 河北省

2020年10月,河北省交通运输厅印发《河北省智能交通专项行动计划(2020—2022年)》,明确到2022年,河北省智慧交通建设取得显著成效,基本建成综合交通运输大数据中心体系,实现交通运输基础要素数字水平、支撑保障能力、行业治理能力、运输服务水平的有效提升。为加快建设交通强国河北篇章,助力数字经济发展提供坚强支撑的目标,河北省提出实施6项重点行动加快智能交通建设,包括推动数字化交通基础设施建设行动、推进综合交通大数据发展行动、强化现代化交通综合治理行动、打造一体化出行服务行动、开展智能交通应用示范行动和实施科技创新能力提升行动。

5. 江苏省

2021年4月,江苏省交通运输厅连续印发《行业治理数字化转型三年行动计划(2021—2023年)》《5G、北斗等新技术推广应用(2021—2023年)》和《智能交通产业发展(2021—2023年)》,明确江苏省智能交通领域2021—2023年的建设重点和任务安排。通过3个文件的实施,推进江苏省交通高质量发展,为江苏省交通运输现代化示范区和交通强省建设提供重要支撑。

6. 上海市

2021年2月,上海市人民政府印发《关于本市"十四五"加快推进新城规划建设工作的实施意见》,确立绿色低碳、数字智慧、安全韧性的空间治理新模式,并发布《"十四五"新城交通发展专项方案》。在坚持交通先行,建设独立完善的综合交通系统的建设目标中提出,加强智慧交通和绿色交通的推广应用,积极打造交通新技术示范应用高地,推进自动驾驶、车路协同等技术在新城的试点和应用,加快氢能源、充电桩等绿色能源在新城的推广和示范。

另外,河南、安徽、山西、陕西、内蒙古、辽宁、吉林、黑龙江、福建、江西、山东、湖北、湖南、广西、天津、重庆等省(自治区、直辖市)分别印发推动智能交通建设的专项方案或行动计划。

从地方层面来看，各省（自治区、直辖市）面对新形势新要求，立足新发展新阶段，为进一步明确"十四五"期间本省（自治区、直辖市）交通运输体系总体思路、发展目标、重点任务和保障措施，指导全省（自治区、直辖市）各地市各部门开展现代交通建设工作，以发布专项方案、行动计划为主要形式促进新一代信息技术与交通运输深度融合，加快建设数字交通体系。

1.5 本章小结

本章主要从智能交通的发展、汽车技术的发展、数字道路的发展和相关政策的角度对数字道路进行概述，对智能交通的内涵、体系和挑战进行了梳理，对汽车工业和自动驾驶的发展阶段进行了论述，对数字道路概念、内涵及分级进行了探讨，明确了当前我国正处于数字道路建设的快速发展期和战略机遇期。

第 2 章 新技术应用赋能数字道路

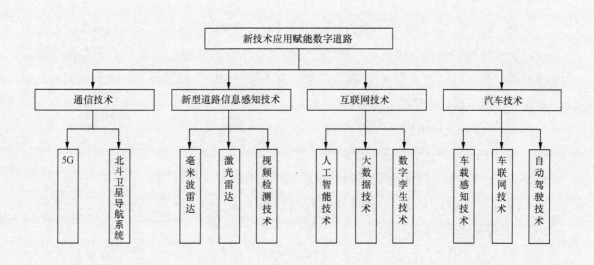

当前，新技术广泛应用于交通运输领域，云计算、大数据、物联网、移动互联网、5G等促进交通不断向智能化、网联化发展。同时，感知技术和汽车技术的进步也推动着传统道路向智慧道路转型升级，数字道路正是在新技术与交通基础设施融合发展的背景下应运而生的。本章主要围绕通信技术、新型道路信息感知技术、互联网技术及汽车技术对数字道路应用赋能，推动交通基础设施数字化，促进交通运输提效能、扩功能、增动能。

2.1 通信技术

通信技术是数字道路信息系统架构的基础。不同系统、平台之间的数据能够实现互联互通，是打破"烟囱系统"的关键。通信技术对数字道路赋能可以促进我国道路基础设施实现"初步连通"向"覆盖成网"的重大跨越，实现监测、收费、调度等业务系统间的数据共享。

2.1.1 5G

1. 概述

5G是第五代移动通信技术的简称，是具有大带宽、高可靠、低时延和广连接特性的新一代宽带移动通信技术。与之前的通信技术相比，5G最大的优点是数据传输速率快，最高可以达10Gbit/s，网络峰值提高了数十倍，实现了对高频谱资源的开发利用，提高了移动通信的资源利用率。

（1）国外发展历程

2013年，欧盟为5G研究提供5000万欧元的资金支持，最终于2022年推出《5G网络安全标准：支持网络安全政策的标准化要求分析》。

2017年12月21日，在国际电信标准组织3GPP RAN第78次全体会议上，5G NR首发版本正式冻结并发布。

2018年6月13日，3GPP 5G NR标准独立组网（Standalone，SA）方案在3GPP第80次TSG RAN全会正式完成并发布，这标志着首个真正完整意义的国际5G标准正式出炉。

（2）国内发展历程

2005年，华为对5G进行了初步探究。

2016—2018年，我国开展了5G研发试验。2017年11月15日，工业和信息化部发布《关于第五代移动通信系统使用3300～3600MHz和4800～5000MHz频段相关事宜的通知》，确定5G中频频谱，能够同时满足系统覆盖和大容量的基本需求。2017年11月下旬，工业和信息化部发布《关于启动5G技术研发试验第三阶段工作的通知》，希望可以在2018年年底前实现第三阶段试验的基本目标。2017年12月，国家发展和改革委员会印发《关于组织实施2018年新一代信息基础设施建设工程的通知》，提出2018年至少在5个城市开展5G规模组网试点，其中，每个城市5G基站的数量不少50个，全网5G终端500个以上。

2019年11月1日，三大电信运营商正式上线5G商用套餐，意味着5G由此进入正式商用阶段。

2020年9月，我国5G用户超过6000万。

2021年7月12日，工业和信息化部、中共中央网络安全和信息化委员办公室、国家发展和改革委员会等10部门联合印发《5G应用"扬帆"行动计划（2021—2023年）》。

2. 关键技术

（1）多天线传输关键技术

在5G的发展过程中，采用多天线传输关键技术，可以提升频谱资源的利用率，在运用少量频谱资源的情况下，可以明显提升数据传输质量。

5G发展的关键是对频谱的利用。提高对频谱的利用效率，目前主要是通过广泛使用无线技术来实现的，该技术可以扩大无线网络信息的覆盖面积，从而扩大无线技术的应用范围。现有的无线技术是5G的核心，实现了从2D到3D无线技术的跨越。

借助源技术，天线数量比以前有了很大的提升，最高达到了128根。运用多天线技术能够有效保障信息通信的畅通，降低外界对信息传输的干扰，提高通信稳定性。

（2）高频段传输关键技术

随着互联网信息技术的广泛使用，人们对网络信息通信的需求也越来越高，目前的通信系统中的频率已经很难满足用户的需求，必须加速发展高频段技术，从根本上解决信息传输不畅通的问题。5G通信系统已经开始适用高频段传输技术，这在一定程度上解决了低频率供应不足的问题，从根源上对频谱资源进行了有效补充。但是，目前已有的高频段技术还存在诸多缺陷，在使用中容易受到外部环境的干扰。

（3）同时同频全双工关键技术

同时通信方式、同频接收方式等是同时同频全双工（Co-frequency Co-time Full Duples，CCFD）关键技术的主要内容。CCFD技术是指在相同频率下，发射机和接收机同步工作。利用CCFD技术，同一时间内，通信双方能使用同一频率，同时也能解决同一通信节点双向通信的需求。在从理论知识角度分析相关工作时，科学运用同时同频全双工关键技术，能够使网络铜芯线通中的频关键技术得到高效保障，显著提高通信系统的频谱利用效率。

随着软件技术与硬件技术的迅速发展，数字信号处理技术也在不断完善。CCFD技术可以在5G网络中发挥良好的辅助作用，既有利于同时通信和同频接收方式的实现，又能减少外界对信号的干扰。另外，CCFD技术的灵活运用提高了频谱资源利用率，可以有效减少信号处理过程中发生的各种故障。同时，由于信息传输过程中线路众多，这项技术可以通过同频传输减少频率干扰。

（4）密集网络关键技术

随着地域的变化和时间的演进，网络中对信息传输的需求也发生了一定的变化，并开始呈现非均匀性的特点，要使该问题得到恰当的处理，密集网络关键技术起到了关键的作用。

密集网络关键技术的应用，能够增加系统运行的容量。通过对4G的改进与创新，实现密集网络部署，扩大5G的覆盖范围。

随着网络覆盖区域的扩大，在信息传输过程中，时间、地点等外界因素很可能会导致信息传输的不平衡和多变性。为了解决这些问题，5G采用了密集网络技术：一方面，以数量众多、分布广泛的基站为基础，在外部布置多个天线，从而有效地扩大网络的覆盖范围；另一方面，可以在室外直接架设密集的网络线路，让不同的网络之间可以协同工作，提升信息信号的强度，保证信息传输过程的可靠性。

（5）设备之间的直接通信关键技术

信息通信技术的发展离不开各种设备设施的协调配合，因此，当其中一个环节出现问题时，整体也会出现误差。随着信息技术的日益完善与成熟，一些目标之间能够直接通信，不再依靠载体，提升了信息传输的效率和精确度，节省了人力与物力资源。另外，采用直接通信技术，也可以提升通信质量，降低线路、电力等设备的能耗，提升通信能源的利用率，实现信息传递的稳定可靠。

（6）直接通信和智能化关键技术

当前，随着大数据的广泛应用，云计算为自动化处理互联网上的信息提供了便利，并进一步促成了智能通信技术的发展。利用智能设备的自动化操作和协同，构建一个比较完整的智能组网体系，从而提高5G的智能化程度，降低运行能耗。智能化关键技术与直接通信技术相结合，降低了对频谱资源的损耗，能够有效推动5G的普及运用，提高用户的满意度，满足用户对信息传输的各种需求，将5G的应用水平推向新的高度。

3. 应用

（1）高速公路远程监管指挥

① 无线专网覆盖

以5G+MEC[1]为基础，构建高速公路大带宽无线专网，在重点区域替代现有无线网络及部分IP有线网络，可以接入高速公路移动办公设备、无线传感设备、视频监控设备、融合通信设备等移动终端，承载高速公路现有的无线业务场景，并推动有线业务向无线迁移，从而减少布线成本，赋能各种移动业务。

② "两客一危"监控

"两客一危"是指从事旅游的包车、长途客车，以及运输危险化学品、烟花爆竹、民用爆炸物品的道路专用车辆。国务院安全生产委员会要求"两客一危"车辆要全部安装智能视频监控系统，实施有效监管，确保安全行驶。一般客车最少需要安装4个摄像头，分别对准旅客、车门、驾驶员、车前的位置，外置摄像头和车载显示器可辅助驾驶，后续可进行车联网改造，内置摄像头可实现驾驶员疲劳检测预警、驾驶员人脸识别、驾驶行为分析等，形成全方位监控管理。高清摄像头视频回传按每路2～4Mbit/s计算，每辆车需要8～16Mbit/s的无线上行带宽。目前，4G回传方案的上行带宽不足，只能降低码率或降低回传路数，监控中心体验较差。

"两客一危"监控场景对上行带宽有较高的需求，对时延不敏感，利用5G大带宽优势，可以更好地满足实时监控的需求，并为未来行业车联网改造应用提供网络保

---

[1] MEC（Multi-access Edge Computing，多接入边缘计算）。

障。在该场景下，现有车载设备只需要外接一个 5G 模块，便可同时满足多路摄像头视频实时上传的需求。随着智能高速公路的改造，视频及其他车载传感信息可被实时回传到路侧边缘计算单元，路侧边缘计算单元对这些信息进行分析，以更好地辅助驾驶，全面保障安全并推动"两客一危"车辆向自动驾驶演进。

③ 远程路网指挥

当发生突发性交通拥堵、事故等情况时，常规交通管理车辆无法及时到达现场，交通管理人员需要第一时间立体式、广角度地掌握相关信息，并远程下达指挥，才能及时指挥现场，保障交通顺畅。无人机通过挂载 5G 终端和超清相机，可以完成高空视频采集，实现现场高清视频实时回传，响应警情或针对重点路线开展实时高清视频巡视，实现无人机低时延的人机协作。监控区域的高清画面被实时回传给指挥中心或现场处置人员，经后台人工与智能分析，及时发出告警，采取相应措施进行交通违法行为、交通事故等现场的远程指挥、远程查勘等业务，从而提高交通指挥效率。

（2）高速公路道路养护施工

① 高速公路道路养护

● 路面异物检测。高速公路路面需要用图像分析对异物进行检测、分析、报警，在高速公路沿线部署高清摄像头进行数据采集，利用 5G 把数据回传到平台进行图像分析。

● 路面视频巡检。施工、维护、巡检工作常常需要实时传输大量视频和照片，便于后端调度与互动指导，传统无线网络不足以满足前端工作人员作业过程中的图像上传诉求。5G+MEC 可承载高清视频巡检业务，并提供音视频通信及定位服务，巡检维护人员可使用普通巡检终端，实时回传前端数据，后台专家联动及时处理，优化巡检过程，提高处理效率。

● 设备维修辅助。高速公路机电设备种类繁多，有些设备维修比较复杂，大多数设备处于"7×24"小时运行状态，设备突发故障在所难免。使用 5G+AR[1] 的方式，以几个专家为核心，指导多个普通工程师操作，可以提高维修工程师的工作效率，且方便维修工程师积累经验，提高维修工程师的成长速度。该方案将设备维修工作程序导入 AR 智能眼镜，辅助维修工程师工作，前端工作视角可利用 5G 实时回传，后端专家

---

1 AR（Augment Reality，增强现实）。

按需以第一视角实时远程协助支持。AR 眼镜取代了传统手持通信设备的方式，前端工程师使用语音交互，解放了双手，大大提高了工作效率。AR 眼镜＋后端平台还可捕获维修工程师在维修过程中积累的技能，收集与分析维修大数据，提高培训及实操效率。

② 高速公路道路施工

在偏远地区和环境恶劣场所的工作场景中，人工操作挖掘机、运输车等特种车辆的危险性大、成本高，远程操控的方式可以提高作业效率，保障作业人员的安全。施工区域被 5G 全覆盖，每辆车需安装至少内部 1 个、外部前后左右 4 个摄像头，支持远程控制，并安装 5G OBU 通信模块。操控中心部署远程驾驶模拟系统，充分利用 5G 大带宽、低时延的能力，通过车辆上的摄像头等信息采集系统，实时采集车辆的运行信息并在远端实时呈现，远端基于采集的现场信息对车辆位置、方向、速度等进行实时控制来完成作业。

（3）高速公路交通出行服务

① 高速公路智慧调度

5G 网络的大范围部署，将推动车辆信息、高速公路信息、突发事件信息等的实时传输。"高速大脑"全时、全量感知海量的高速公路实时数据；基于高精地图进行可视化表达，将交通量、交通组成、排队长度、行程时间等统一呈现；基于实时回传的高速公路运行数据，依托云计算和 AI 技术准确研判路网交通运行状态与需求，第一时间发现问题，并生成优化策略；协调联动信号灯、交通引导、交通管理资源调度等多种优化手段，对高速公路进行精准管控，实现提升高速公路运行效率和保证出行安全的总体目标。当前"高速大脑"主要基于路侧设备对现有交通进行优化，未来，随着车路协同技术的成熟、智能车联网的发展，其将逐渐向车路全网大范围协同优化调度演进。

② 车路协同辅助驾驶

车路协同辅助驾驶是通过安装在车上的传感器和路侧的传感、计算单元，在行驶过程中感应周围环境，进行静态、动态物体的辨识、侦测与追踪及计算分析，从而预先让驾驶员察觉到可能发生的危险，提升车辆的安全性。5G 网络下的车联网，通过高速、低时延的网络与路侧边缘计算单元结合，可以为用户提供更具特色的辅助驾驶服务，典型服务如下。

- 盲区检测。通过在道路边缘部署激光雷达、高清摄像头等传感设备，将车、路、人的实时状况回传到路侧边缘计算单元，对当前高速公路参与者的时空状态进行数据融合和分析，实现对道路盲区场景的实时感知，对应用服务车辆进行预警，降低开车时因视力不可及而发生事故的可能性。该种方案可应用于现阶段车辆的辅助驾驶，也可以应用于未来的自动驾驶。

- 车辆感知共享。通过路侧边缘计算单元将具备环境感知功能的车辆的感知结果转发至周围其他车辆，用于扩展其他车辆的感知范围，减少交通拥堵、交通事故的发生。该场景下，车辆、路侧监控单元提供道路信息，边缘计算节点负责转发道路信息。
- AR导航。AR导航将实时路况指引信息在车载显示场景中叠加显示，使人们可以直观地理解导航信息。例如，AR导航可以在高速公路上直观地提示用户应该在什么地方转弯，在什么地方需要提前变道并线，还可以在交叉路口等复杂路况下，做出更清晰的方向指引，避免用户在高速行驶过程中，因为决策延误而错过路口。除此之外，AR导航还可以对过往车辆、行人、车道线及颜色、限速牌等周边环境展开智能图像识别，从而为用户提供跟车距离预警、压线预警、红绿灯监测与提醒、前车启动提醒、提前变道提醒等一系列驾驶安全辅助，给用户带来比传统地图导航更加精细、更加安全的服务体验。5G网络部署后，可降低车载端的信息处理成本，AR信息处理可由路侧边缘计算单元完成，然后回传到车载端，大大降低了车载终端成本。

③ 自动驾驶共享车

未来，乘客可通过App"召唤"共享车，共享车自己"找到"乘客，自动规划最优路线，行驶过程中车载系统随时向乘客传达车辆状态，确保车辆与乘客的良好沟通，安全性高。待共享车安全抵达目的地后，乘客完成还车操作，车辆自主完成泊车，等待下一个乘客的"召唤"。

2.1.2 北斗卫星导航系统

1. 概述

北斗卫星导航系统（BeiDou Navigation Satellite System，BDS）是我国自主研发的全球卫星导航系统，是继GPS和GLONASS后，世界上第3种比较成熟的卫星导航系统。北斗卫星导航系统由空间段、地面段和用户段3个部分组成，可在全球范围内全天候、全天时地为各类用户提供高精度、高可靠的定位、导航、授时服务，还具备短报文通信能力。目前，北斗卫星导航系统已经初步具备了区域导航、定位和授时能力，定位精度为分米、厘米级别，测速精度为 0.2m/s，授时精度为 10ns。

从 20 世纪末起，我国就根据国情对我国的卫星导航系统进行了深入的研究，逐步形成了"三步走"的发展战略。

- 1994 年，启动北斗一号系统工程的建设工作；2000 年年底，建成了北斗一号系统，提供定位、授时、广域差分、短报文等通信服务；2003 年，发射第 3 颗地球静止轨道卫星，使该系统的性能得到了进一步增强。
- 2004 年，启动北斗二号系统工程的建设工作；2012 年年底，北斗二号系统建设完成，为亚太地区的用户提供定位、测速、授时、短报文等通信服务。
- 2009 年，启动北斗三号系统工程的建设工作；2020 年，完成 30 颗卫星发射组网，建成北斗三号系统，提供全球范围内的基本导航（定位、测速、授时）、全球短报文通信、国际搜救等服务，我国及周边地区用户还可享有区域短报文通信、星基增强、精密单点定位等服务。

2. 关键技术

（1）组合定位技术

① 多模卫星组合定位技术

多模卫星组合定位技术用一台卫星定位接收机，同时接收并测量 BDS 与其他卫星导航系统的卫星信号，进而将多种卫星导航系统的信息融合在一起，准确地测出三维位置、三维速度、时间和姿态等有关参数，以解决卫星数量不足的问题。

② 多传感器组合定位技术

多传感器组合定位技术适用于长隧道等特殊场景，这些场景具有地域广、环境复杂等特点，且可能会出现卫星信号被遮挡的情况。为获得持续、可靠的定位信息，确保定位信息的安全，通常采用信息融合的方法，利用多传感器组合辅助保障定位。多传感器组合定位技术包括多种传感器，例如里程计、卫星定位接收机、惯性传感器等。各种传感器与车载定位计算机连接，并向车载定位计算机提供冗余位置测量信息（包括列车位置、速度、航向等），车载定位计算机采用多传感器数据融合方法，综合利用多源信息获得列车位置的最优或次优估计，高效地利用这些冗余信息完成定位结果的求解。

（2）差分定位技术

GPS 定位主要存在 3 个方面的误差：一是接收机共有的误差，例如卫星钟误差、星历误差等；二是传输时延误差，例如电离层误差、对流层误差等；三是接收机自身固有的误差，例如内部噪声、通道时延、多径效应等。为降低这些误差对系统的影响，目前主要采用差分全球定位系统（Differential GPS，DGPS）。

DGPS可以在一个测站对两个目标进行观测值求差；可以在两个测站对一个目标进行观测，对观测值进行求差；也可以在一个测站对一个目标的两次观测值进行求差。差分的目的是对定位结果进行改正，从而提高定位精度。

3. 应用

（1）自由流收费

自由流收费是指通过卫星导航系统，对车辆在高速公路上行驶的全过程进行定位，从而计算出高速公路的通行费用，并利用互联网收取通行费。北斗卫星导航系统提供的导航定位服务，可以实时定位车辆位置信息。在重点营运车辆上安装自由流收费的高精度车载终端，采用"车辆终端定位 + 云端收费"的方式收取车辆通行费，实现高速公路车道的北斗自由流业务。

（2）自动驾驶

现阶段的自动驾驶依赖于GPS/北斗系统、4G/5G、地理信息系统（Geographical Information System，GIS）、大数据、人工智能、物联网、车路协同、智能感知等进行车辆位置感知与路段信息采集的存储与计算，且需要依托后台管理系统（包括车辆管理系统、交通系统、高精度定位系统、V2X系统等）实现自动驾驶及安全辅助驾驶。高精度定位服务由5G基站、差分基准站、定制的高精度定位平台、车载OBU等提供。

2.2 新型道路信息感知技术

2.2.1 毫米波雷达

1. 概述

毫米波雷达是工作在毫米波段的雷达。毫米波段（1～10mm）相对应的频率为30～300GHz，其低端邻接厘米波段，具有厘米波全天候的特点，其高端邻接红外波段，具有红外波高分辨率的特点。毫米波雷达通过处理目标反射信号获取汽车与其他物体的相对距离、相对速度、角度及运动方向等信息。

目前比较常见的毫米波雷达主要分为以下 3 类。

- 24GHz 频段。该频段的毫米波雷达目前大量应用于汽车的盲区检测、编导辅助等，主要用于侧向雷达，用于监测车辆后方及两侧车道是否有障碍物，是否可以变道。该频段的主要优点是探测范围广，缺点是频率低、带宽窄、探测距离近。
- 77GHz 频段。该频段具有较高的频率和更大的带宽，雷达性能优于 24GHz 频段，主要用于前向雷达，安装在保险杠上，探测本车与前车的相对距离和相对速度，目前比较典型的应用有自适应巡航、主动防撞等。
- 76～81GHz 频段。该频段最大的特点是带宽非常大，具有非常高的距离分辨率，可应用于无人驾驶领域。

随着数字道路建设的发展和完善，交通场景雷达、智能检测雷达等多种毫米波雷达产品相继出现，为数字道路管理、车端终端决策等提供实时路况信息，在数字道路系统中发挥着不可替代的作用。应用频段在 76～81GHz 的毫米波雷达具有较高的分辨率，最高精度可以达到 5cm，在智能交通领域有较高的使用价值。该频段目前不在各国政策限制区域，无政策风险，在未来数字道路路侧感知领域将有广泛应用。

毫米波雷达的研制起步于 20 世纪 40 年代，20 世纪 50 年代出现了用于在机场交通管制和船用导航的毫米波雷达（工作波长约为 8mm），具有分辨力高、精度高、天线口径小等优越性。但在很长一段时间内，由于工作频率高、功率源输出功率及效率低、接收机混频器及传输线损失增大等，毫米波雷达的发展一度受到限制。20 世纪 70 年代中期，毫米波技术取得了很大进展，研究人员成功研制出一些较好的功率源，例如固态器件、雪崩管和耿氏振荡器，还研制出热离子器件，例如磁控管、行波管、速调管、扩展互作用振荡器、返波管振荡器和回旋管等。20 世纪 70 年代后期，毫米波雷达广泛应用于近程高分辨力防空系统、目标测量系统、交通智能监测等。

工业和信息化部发布公告，将 76～79GHz 频段专用于车载毫米波雷达。目前 77GHz 雷达由于体积较小，更容易实现单芯片的集成，且具有更高的识别精度、更高的信噪比及更强的穿透能力，将逐渐替代现行的 24GHz 频段，成为毫米波雷达行业的主流产品。

2. 关键技术

（1）障碍物检测技术

毫米波雷达主要由信号发射天线、信号接收天线、射频收发通道及数据处理单元构成，利用发射天线向周围辐射电磁波，遇到障碍物后，部分电磁波形成反射，障碍物反射回波经接收天线进入雷达系统，雷达数据处理单元根据障碍物反射回波的频谱、相位、时间等信息，计算障碍物与毫米波雷达之间的距离、相对速度、相对角度等信息。

一般来说，毫米波接收反射信号的功率 P_r 与到障碍物的距离 d 的计算公式如式（2-1）所示。

$$P_r = \frac{P_t \cdot G_{Tx} \cdot G_{Rx} \cdot \sigma \cdot \lambda^2}{(4\pi)^3 \cdot d^4} \qquad 式（2-1）$$

其中，P_t 代表发射天线辐射的信号功率，G_{Tx}、G_{Rx} 分别代表发射、接收天线的增益，σ 代表障碍物雷达截面积（Radar Cross Section，RCS），λ 代表毫米波雷达信号波长。

雷达数据处理单元在计算障碍物距离时，会设置一个反射回波接收门限，信号只有高于该门限，才会被认为是有效目标回波。雷达可检测到的最小回波的信噪比用 SNR_{min} 表示，此时雷达最大的检测距离为 d_{max}，用信噪比表示的雷达方程如式（2-2）所示。

$$SNR_{min} = \frac{P_t \cdot G_{Tx} \cdot G_{Rx} \cdot \sigma \cdot \lambda^2}{(4\pi)^3 \cdot d_{max}^4 \cdot k \cdot T_0 \cdot B_n \cdot F_n \cdot L_s \cdot L_{atm}} \qquad 式（2-2）$$

其中，k 为玻尔兹曼常数，T_0 为标准参考温度，B_n 为接收机噪声带宽，F_n 为接收机噪声系数，L_s 为系统损耗，L_{atm} 为大气传播衰减损耗。

车路协同系统中使用毫米波雷达测量与障碍物的相对角度时，多数基于到达角（Angle of Arrival，AoA）方法测量。雷达与障碍物相对角度 θ 的相关公式如式（2-3）所示。

$$\Delta\varphi = \frac{2\pi\Delta d \cdot \sin(\theta)}{\gamma} \qquad 式（2-3）$$

其中，Δd 为相邻两个接收天线的间距，$\Delta\varphi$ 为障碍物反射回波到达两个接收天线的相位差。

（2）目标分类与识别技术

毫米波雷达通过目标回波信号来对物体进行分类和识别。在车路协同系统中，毫米波雷达的目标特征提取技术包括基于 RCS 的目标特征提取技术、目标微动特征提取技术、基于高分辨率一维距离像特征提取技术、基于极化信息的特征提取技术。

① 基于 RCS 的目标特征提取技术

在雷达信号处理中，RCS 是描述目标本质特征的指标，主要与目标的形状、材质、信号入射角度、辐射信号频率相关。在目标的外形、材质、入射频率等确定不变的情况下，目标状态的改变会引起电磁波入射角度的变化，进而使目标 RCS 的值发生变化，从而推算出目标的运动特征。

② 目标微动特征提取技术

目标质心相对于雷达运动时，会产生多普勒频率，同时，目标或其组成部分相对于目标质心的振动、转动及加速度等微动特征会产生微多普勒效应。解析微多普勒效应中产生的微多普勒信号，即可得到目标微动特征信息，进而对目标进行分类和识别。

③ 基于高分辨率一维距离像特征提取技术

高分辨率一维距离像基于大带宽，具有较高的距离向分辨率，在散射点模型下，目标回波在雷达距离上产生多个散射点，这反映出目标在雷达视线方向下的相对结构数据与散射强度特征。通过分析高分辨率一维距离像表现出的特征，可以对目标进行分类与识别。

④ 基于极化信息的特征提取技术

极化信息是能够反映雷达电磁波矢量特征的参数，是表征目标散射特性的一个重要属性。目标在被雷达辐射的电磁波击中后，将形成具有不同极化特征的回波，该回波的极化信息变化与目标外形、尺寸、结构等密切相关。根据目标极化散射特性，可以对目标进行识别。

3. 应用

毫米波雷达的频率高于无线电，低于可见光和红外线。通常采用固态微带天线阵列，多组收发天线，实现目标的速度、角度、距离的精确探测，通过自带处理器实现目标的坐标定位和大小的探测分析。毫米波雷达的优势是成本较低，受天气环境影响较小，穿透雾、烟、粉尘的能力强。目前，毫米波雷达通过加大发射功率和提高信噪比，可以获得不低于500m的大范围内的目标探测和识别，并可以同时对多个目标进行速度、位置的计算和轨迹跟踪。

毫米波雷达技术在民用领域的应用越来越广泛，成本较低、可维护性较高，在户外环境恶劣的情况下，能够更有效地对道路上的车辆、行人、动物等进行实时探测和预警。毫米波雷达这种大于500m的有效探测距离的监控应用，也适用于智慧高速的施工，可以减少基础设施的投入。通常毫米波雷达的检测如下。

- 可识别目标：机动车辆、行人、非机动车。
- 检测输出：目标大小、目标坐标位置、多普勒速度、运动方向、轨迹分析。
- 事件输出：逆行检测、速度超限、事故拥堵、车间距报警、连续变道等。

2.2.2 激光雷达

1. 概述

激光雷达通过向目标物发射激光束并接收反射激光束，利用飞行时间（Time Of Flight，TOF）法等手段实现目标物距离、方位、速度、姿态等参数的测量，从而对障碍物、移动物体等目标进行探测、跟踪和识别。

激光雷达系统包括发射系统、接收系统、信号处理系统、控制系统。

- 发射系统：发射激光束即探测信号，包含激光器、发射光学系统。
- 接收系统：接收反射的激光信号，即回波信号，包括接收光学系统、光学滤光装置、光电探测器。
- 信号处理系统：光电转换、数据获取、信号处理、数据校准与输出。
- 控制系统：控制激光激发、信号接收及系统工作模式等。

根据市面上的激光雷达成像扫描方式，可以将激光雷达分成以下3类。

- 机械旋转式（混合固态）激光雷达：水平方向采用机械360°旋转扫描技术，俯仰/垂直方向采用电子扫描技术。这种激光雷达的优点是单点测量精度高，抗干扰能力强，可承受高激光功率；缺点是装调工作量大。
- 微机电系统型激光雷达：利用微机电系统微振镜，把所有的机械部件集成到单个芯片，采用半导体生产工艺。这种激光雷达的优点是集成度高，体积小，耗能低，芯片级工艺，适合量产；缺点是高精度高频振动控制难度大，制造精度要求高；无法实现360°扫描，需组合使用。

- 全固态激光雷达：与相控阵雷达一样，通过调节发射阵列中每个发射单元的相位差来改变激光的出射角度。这种激光雷达的优点是扫描速度快，扫描精度高，可控性好。

激光测量中，激光雷达中的每个激光器发射激光束，经物体反射后得到一个点（包含距离、反射强度等信息），所有激光反射点的集合即为点云。

在数字道路系统中，激光雷达位于感知层。从可靠性、行人判别、夜间模式、恶劣环境、细节分辨、探测距离等方面考虑，尤其是在道路路口环境复杂区域，激光雷达是众多感知设备中综合性能最好的一种，而且其产品优势将随着消费升级与智能驾驶需求的提升而愈发凸显。

激光雷达的应用发展可以分成以下4个阶段。

① 诞生与科研应用阶段（1960—2000年）

全球第一台激光雷达诞生于1960年，早期激光雷达主要用于科研及测绘项目，进行气象探测及针对海洋、森林、地表进行地形测绘。直至20世纪90年代，激光雷达通过引入扫描结构扩大了市场范围，拓展了应用领域，激光测距仪等激光雷达商用产品开始出现。

② 商业化与车载应用初期（2000—2015年）

激光雷达从单线扫描逐渐发展到多线扫描，它在环境3D高精度重建应用方面的优势被逐渐认可，从2004年开始举办的DARPA大赛推动了无人驾驶技术的快速发展，并将激光雷达引入无人驾驶领域。2005年Velodyne推出的机械旋转式激光雷达在第二届DARPA挑战赛中得到广泛关注，参加第三届DARPA比赛的6支队伍中的5支都搭载了Velodyne生产的激光雷达。随后陆续有头部科技公司及新兴无人驾驶公司投入无人驾驶技术研究，激光雷达被广泛应用于无人驾驶测试项目。

③ 在无人驾驶领域蓬勃发展（2016—2019年）

国内激光雷达厂商纷纷入局，技术水平也在逐渐提高。激光雷达技术方案呈多样化发展趋势，开始有无人驾驶车队进行商业化试点。此外，激光雷达在ADAS和服务机器人领域的应用也得到不断发展。

④ 技术优化引领上市热潮（2019年至今）

在技术上，激光雷达向芯片化、阵列化发展。2020年，国外激光雷达公司迎来通过特殊目的收购公司（Special Purpose Acquisition Company，SPAC）上市的热潮，同时国内的华为、大疆等企业跨界加入激光雷达市场竞争。近年来，激光雷达产品性能持续优化，应用领域持续拓展，不断吸引科技公司加入。激光雷达在车路协同、无人驾驶、数字道路的应用愈加广泛。

2. 关键技术

（1）点云分割技术

激光雷达向待检测目标发射激光，目标将激光反射回来，通过计算和分析反射回来的信息，对物体的位置信息进行表征和判别。点云是由激光雷达生成的对目标物体进行表征的集合。点云数量较多，采用一般形式的聚类算法进行信息数据分析不能满足其要求，因此，在应用过程中，点云分割技术是进行目标提取和分类的基础，在处理点云数据前，通常利用点云分割技术，将点云分割成大小不一且相互独立的子集，突出重点，分而治之。

（2）道路信息提取技术

数字道路系统建设需要对路径信息进行提取与跟踪，需要对道路的方向、坡度等特征进行描述与表征。道路信息提取技术能够及时地对道路环境信息进行感知与识别。在激光雷达传回的点云数据中，道路的形状与障碍物相比具有规则性更强的特点，且两者具有较为明显的差异性，因此可以容易地区分开来。在对激光雷达传回的点云数据进行道路信息提取的过程中发现，不同类型的激光雷达，道路信息提取效果不同。激光雷达按照线束的不同可分为单线激光雷达与多线激光雷达，其中，单线激光雷达在无人驾驶车辆中应用广泛，能够对道路高度差、走向、路沿等特征进行描述与表征，在车辆行驶速度较慢且道路规则性强的条件下具有较好的使用效果。然而，在一些非标准道路上，单线激光雷达检测技术则不能有效地表征出道路的具体特征。与单线激光雷达相比，多线激光雷达可以采集更丰富的道路信息，能够更好地表征道路信息，具有更好的道路信息提取效果。

（3）障碍物探测与跟踪技术

障碍物探测与跟踪技术可以帮助无人驾驶车辆获取目标信息的精确位置，还可以获取目标信息的速度、大小、方向等其他信息特征，可以为数字道路无人驾驶应用的安全行驶提供保障。无人驾驶车辆在行驶过程中，如果车辆周围环境相对简单，则可以利用 2D 激光雷达障碍物探测与跟踪技术来避开那些特征明显的障碍物，如果在复杂的环境中，则需要使用 3D 激光雷达来检测和跟踪障碍物。

（4）环境建模技术

测量系统能够快速、有效地描述和表征车辆周围的环境信息，这是确保无人驾驶应用自主控制的关键。因此，有必要对道路周围的环境数据进行建模。目前，常用的环境建模技术主要包括应用栅格、几何信息及拓扑图表示等。提取周围环境、行人、道路等特征的方法有很多，但这些方法无法有效地描述或表征特殊场景的环境特征，例如，道路两侧的树木、电线等。此时，可以借助 RANSAC[1] 算法将车辆行驶的地面与其他特征物分离，然后采用高斯混合模型算法区分树木和灌木丛，并利用模糊 C-均值（Fuzzy C-Means，FCM）聚类算法对道路两侧的树木信息进行描述和表征。

（5）多传感器信息融合技术

虽然激光雷达可以快速获取道路周围的环境信息，但在具体的应用过程中，激光雷达无法完美地实现对车辆所有周边环境的建模、目标探测等。因此，需要利用多传感器信息融合技术，并结合应用需求，构建高效的周围环境信息模型。在多传感器信息融合技术应用的过程中，系统中的每个传感器都有自己的坐标信息，且不同类型的传感器坐标系表示形式各异。因此，为了保证在相同坐标系下描述和表征测量目标，需要在信息融合前对坐标系进行转换。另外，在进行多传感器信息融合时，需要分析多传感器坐标的映射问题。

3. 应用

激光雷达主要用于车路协同，激光雷达车路协同系统方案助力智慧交通如图 2-1 所示。

---

1 RANSAC：Random Sample Consensus 的缩写，是一组包含异常数据的样本数据集。

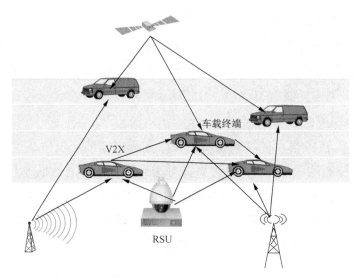

图 2-1 激光雷达车路协同系统方案助力智慧交通

(1) 物体检测

在深度学习技术没有快速发展之前,常用聚类方式进行物体检测,但聚类方式很难做到动态物体和静态物体分离。随着深度学习技术的发展,点云物体识别更多使用深度学习技术。

即时定位与地图构建(Simultaneous Localization And Mapping,SLAM)主要分为视觉 SLAM 和激光 SLAM。SLAM 是激光雷达在自动驾驶领域的重要应用之一,它的主要作用是建图和定位。建图过程包括点云拼接、动态补偿等工作,并需要根据不同的实际情况选择建设稠密/稀疏图或多层次的图。定位过程包括特征匹配等工作。SLAM 通过完成建图和定位来构建高精度地图。

(2) 多传感器标定

多传感器标定的意义主要是让车体本身能够判断障碍物的位置,因为激光雷达识别出来的物体是在激光雷达坐标系下的位置,所以需要标定外参,得到障碍物在车体坐标系下的位置,以便规划模块做出决策。传感器标定又分为在线标定和离线标定,常见的标定物是离线标定,车辆在行驶过程中常常出现颠簸,导致车体和传感器之间的位置发生变化,所以每行驶一段时间最好进行一次在线标定。

(3) 可通行空间检测

可通行空间检测主要为自动驾驶提供路径规划辅助,可以实现对整个路面的检测，也可以只提取部分道路信息。

（4）车路协同

激光雷达在智能驾驶乘用车、商用车、物流车、机器人等应用领域的大量案例都给出了相同的答案："聪明的车"用激光雷达。从"聪明的车"到"智能的路"，智能交通和智慧城市需要大量丰富准确的实时信息，这要求每个十字路口、每段道路都需要具有激光雷达的传感器作为"眼睛"，提供精确全面的交通信息，确保道路交通安全。但是，全部车辆搭载高精度激光雷达的成本较高，可以路侧部署感知设备，从而降低社会总成本。

2.2.3 视频检测技术

1. 概述

随着人工智能、计算机视觉技术、深度学习技术的成熟，视频采集的智能化已成为行业发展的必然趋势，也成为众多智慧化项目成功落地的重要抓手之一。

智能视频采集技术源自人工智能的一个分支领域——计算机视觉技术，主要是指由机器自动分析视频图像源，从中识别并提取出有价值的关键信息，并自动控制机器进行相应动作的监控方式，其处理过程以视频图像源为基础。智能视频采集技术通过视频算法对视频内容进行分析，提取视频中的关键信息进行标记或处理，从而形成相应事件和告警的监控方式。另外，使用者可以通过各种属性描述进行快速检索，最终形成画像。同时该技术可以利用处理器的强大计算功能，快速地对海量数据进行处理，从而得到人们所需要的信息。智能视频采集技术使视频监控向"提前看"的方向发展。借助智能视频采集技术，数字道路系统各点位视频不仅能够进行被动式的监控，还能够按照实际情况运行安全检测算法，并在事件发生时主动报警，将原来的事前震慑、事后追踪变为主动监测。随着智能视频采集技术的发展，数字道路安防系统从过去单一的系统布防逐步发展为面向大数据应用分析的综合智能系统，成为辅助决策、综合分析、应急处突、反恐维稳的重要数据支撑，智能视频采集技术在社会公共安全方面发挥着越来越重要的作用。

视频监控技术的发展经历了3个主要阶段：人工现场监控—传统视频监控—智能视频采集。智能视频采集技术之所以能够快速有效地应用，是因为它可以快速从视频中提取各种目标信息并进行分析，将视频转化为有用的信息，并能结合大数据、云计算技术，形成庞大的资源信息库，为智慧城市建设提供强有力的信息支撑和辅助决策支持。视频监控技术在数字道路建设中的应用特点主要表现在以下3个方面。

（1）平安城市应用范围进一步扩大

安防应用领域已从传统的部门、财务、楼宇应用发展到平安城市、数字道路、"雪亮工程"甚至全国联网城市共享组网，行业应用从量变发展到质变。数字道路工程远非一般意义上的视频监控范畴，其越来越多地涉及智能交通、车路协同、应急指挥、环境保护、城市管理等多个方面，涉及的领域与智慧城市产生的交集也越来越多。未来，智能视频监控技术将得到更广泛的应用，并覆盖城市应急、水气检测、垃圾处理、数字化城市管理、智能建筑等领域。

（2）从被动监控向主动监控转变

随着智能视频采集技术的不断发展，视频监控以其直观、准确、及时的信息内容广泛应用于智慧城市的众多业务场景中，视频监控市场已经实现了"看得见""看得清""看得明"。由于政府和企业在数字道路建设、社会监控建设方面的持续投入，视频监控网络已经普及到城市的各个角落，这也推动了安防领域进入大数据时代。

（3）视频智能采集技术与大数据的融合发展

大数据与视频监控有着天然的联系，据统计，全国每天新增视频数据达PB级别（1PB=1024T），占大数据总份额的50%以上，因此，视频资源信息成为大数据的重要组成部分。在安防领域，数据的主要来源是视频，与其他行业的结构化数据不同，视频本身就是非结构化数据，不能直接被计算机处理或分析，这就要利用智能视频采集技术将非结构化视频数据转换为计算机能够识别和处理的结构化数据，即将视频中包含的各种信息（主要是运动目标及其特征）提取出来转成文字并与视频帧建立索引关联，以使这些视频可以被计算机快速搜索、比对和分析。

2. 关键技术

随着信息时代的到来，视频检测技术作为重要的监控及城市感知手段，在数字道路及智慧城市等信息化建设中具有极其重要的作用。

(1) 视频采集技术

视频采集技术是视频检测的基础，它决定了视频图像的质量和可用性。视频采集技术包括图像传感器技术，通过提高图像传感器的像素数、灵敏度，扩大其动态范围，来提高视频图像质量。另外，视频采集技术还包括视频信号处理电路，它可以通过滤波、增益、调整对比度等技术，对视频信号进行处理，使视频图像更加清晰。此外，视频压缩传输技术也是视频采集技术的一个重要部分。视频压缩技术可以压缩视频图像数据，减少存储空间和传输带宽，提高视频采集的效率。然而，不同场景下的视频采集可能会面临一些特殊问题。例如，在夜间场景下，需要使用低照度采集技术，以保证视频质量；在恶劣天气下，例如大雾、雨雪天气，需要使用防雨、防雾等特殊摄像头；在移动条件下，例如车辆、飞行器等场景，需要采用具有防震、抗干扰、高帧率等特性的摄像头，保证视频图像的稳定和准确。

(2) 视频预处理技术

视频预处理技术通常是在视频图像进入目标检测或跟踪之前进行的，其作用是优化图像质量、减少噪声、增强关键特征等。预处理内容包括图像降噪、图像增强、光线均衡、图像稳定化等。

(3) 特征提取技术

特征提取技术是视频检测的核心技术之一，其主要任务是从视频图像中提取与目标相关的特征信息，进而对检测目标进行区分和识别。特征提取内容包括局部特征、全局特征、运动特征等，关键问题包括如何提高提取效率、降低数据噪声、提高稳定性和准确度等。

(4) 目标检测技术

目标检测技术的主要任务是从视频图像中识别出目标的位置和大小。传统算法包括 Haar、HOG 等，基于深度学习的算法有 YOLO、Faster R-CNN 等，关键问题包括如何提高检测准确度、如何提高实时性、如何对不同场景和光照条件进行适配等。

(5) 目标跟踪技术

目标跟踪技术的主要任务是动态跟踪视频序列中的感兴趣目标，判断目标位置、尺寸、形状和运动状态等，以实现智能分析和处理。目标跟踪包括传统跟踪算法和深度学习算法，关键问题包括如何提高跟踪精度和实时性、如何处理遮挡和目标变形问题等。

（6）数据融合技术

数据融合是指对来自不同传感器的多源数据进行融合，以获得更准确、有效、完整的信息。数据融合技术引入卡尔曼滤波、粒子滤波等算法进行处理，关键问题包括如何融合不同传感器的信息、如何利用融合结果进行精细化调度等。

（7）决策分析技术

决策分析是指通过对检测结果进行分析和计算，得出最终的决策结果。常用方法包括模式识别、人工神经网络等，关键问题包括如何获得更精准和更有效的决策结果、如何对实时决策进行处理、如何与实际场景进行适配等。

3. 应用

（1）基于大数据技术的视频数据融合

在信息化时代背景下，视频采集技术作为重要的监控及城市感知手段，在数字道路及智慧城市等信息化建设中具有极其重要的作用。一方面，结合大数据分析技术，视频采集技术能够有效管理和维护相关单位的业务检测和预警，同时对安全视频监控进行科学、专业的管理和应用，有效提升公共事业工作的质量和效率。另一方面，利用相关安全视频监控采集道路、车辆、人像、环境等图像及视频，并且将这些信息经过传输网络传输至后端大数据平台，结合其他大量感知设备，进行分析和处理，能够对城市、建筑、道路、交通等相关信息进行建模，进行城市运行分析等，这在一定程度上打破了"数据孤岛"，解决了以往相关部门之间无法有效结合、信息共享等方面的问题。

（2）基于系统平台的视频数据融合

相关系统平台需要不断与大数据、云计算及人工智能等技术融合。以数字道路建设过程中的公安领域信息化为例，各地公安机关都希望借助新一代信息技术，不断完善警务实战指挥系统、交通分析系统，最大限度地实现大数据引领下的精准分析及指挥调度。

在数字道路中，公安业务涉及的视频系统平台通过通信融合技术和网络技术，整合各类通信系统和终端设备，集成对接与指挥调度相关的位置信息、地理信息、关联查询等信息系统，实现方便灵活的指挥关系重构、全面可视的态势掌控、及时动态的情况命令传递，推动视频指挥调度系统呈现"强融合、高共享、深应用"的发展新特征，并向新型融合通信调度方向演进，以满足当前公安业务领域对"扁平化、可视化"指挥调度的需要。

2.3 互联网技术

在数字道路上应用的互联网技术主要包括人工智能、大数据和数字孪生等技术，这些技术的使用能够提升数字道路的智能化水平。

2.3.1 人工智能技术

1. 概述

人工智能涉及计算机科学、信息控制论、数学、生物学、心理学、语言学、神经生理学等多门学科，是一门研究、开发用于模拟、延伸和扩展人类智能的理论、技术、方法和应用系统的新型交叉性、边缘性科学。

2. 关键技术

（1）智适应学习技术

智适应学习技术是教育领域突破性的技术之一。该技术模拟了老师对学生一对一的教学过程，赋予了学习系统个性化教学的能力。2020年之后，智适应学习技术得到了快速发展，其背后的推动力有强大的计算能力和海量的数据，更重要的还有贝叶斯网络算法的应用。

（2）自然语言处理技术

自然语言处理技术是一门通过建立计算机模型理解和处理自然语言的技术，是指通过计算机对自然语言的形、音、义等信息进行处理并识别，主要包括机器翻译、自动提取文本摘要、文本分类、语音合成、情感分析等。

（3）计算机视觉技术

计算机视觉技术是一门研究如何让机器"看"的科学，即用摄像机和计算机等机器代替人眼对目标进行识别、跟踪和测量。近年来，计算机视觉技术实现了快速发展，其主要原因是 2015 年基于深度学习技术的计算机视觉算法在 ImageNet 数据库上的识别准确率首次超过人类。计算机视觉系统主要包括图像获取、预处理、特征提取、检测 / 分割和高级处理等技术。

（4）群体智能技术

群体智能技术也称集体智能技术，是一种具有共享能力的智能技术。该技术通过将多个个体的观点进行整合，进而转化为决策，用来应对单一个体所面临的随机性决策的风险。

（5）跨媒体分析推理技术

以往的媒体信息处理模型通常是针对单一的媒体数据进行处理分析，例如图像识别、语音识别、文本识别等，而如今，越来越多的任务需要进行跨媒体类别分析，即需要综合处理文本、视频、语音等信息，由此出现了跨媒体分析推理技术。

（6）自主无人系统

自主无人系统能够通过先进的技术进行操作或管理，不需要人工干预，可以应用到无人驾驶、无人机、空间机器人、无人车间等领域。

（7）智能芯片技术

一般来说，运用了人工智能技术的芯片被称为智能芯片，智能芯片可以按技术架构、功能和应用场景等维度分成多种类别。

（8）脑机接口技术

脑机接口技术是人或动物大脑与外部设备之间的直接连接通道。通过单向脑机接口技术，计算机可以接收来自大脑的命令，也可以向大脑发送信号，但不能同时发送和接收信号。双向脑机接口允许大脑和外部设备之间进行双向信息交换。

3. 应用

（1）提升交通规划适用性，优化配置交通资源

人工智能技术在交通规划中的应用主要是指在综合使用政务数据、互联网数据、运营数据、物联网数据等的基础上，通过人工智能算法对交通与土地的相关性进行量化分析，并对交通资源进行优化配置。

城市智能交通规划可以分为短期规划和长期规划。短期规划通过分析居民的出

行行为和偏好，精确把握其出行时空特性，进而开展线网规划、车辆规划等，例如，公交线路的优化、潮汐车道的设置等。长期规划则需要考虑更多的因素，例如，城市规模扩张、人口数量增长、车辆数量增加，以及资源、环境、安全等方面的制约，在此基础上规划交通基础设施建设、交通枢纽设置等。

（2）提高交通管理水平，保证交通安全高效

人工智能技术在交通管理中的应用主要涉及交通信息的采集、处理和发布，调控交通资源动态供需关系，提升交通资源的时空利用率，保障交通运输的安全。人工智能在交通管理领域应用的融合度较高。

当前，智慧交通管理主要集中在交通监测、交通调控及综合类应用。交通监测包括机非人识别、路况感知、违法取证等应用，得益于计算机视觉技术产业的成熟，该类应用正得到广泛推广。交通调控包括路网流量预测、交通信息发布、交通信号灯控制等。综合类应用包括近年来关注度非常高的智慧停车和"城市交通大脑"等。

（3）促进基础设施数字化升级，道路建管养运一体化管理

人工智能技术在交通基础设施中的应用涉及设计、建设、运维、管理等全生命周期，能够提升基础设施建设和管理水平。

一方面，人工智能、BIM的使用，可以为建设者提供多种参考解决方案，优化建设过程；结合环境和建筑监测数据，还能预测建筑结构未来的发展趋势，提前采取措施，避免潜在破坏。另一方面，人工智能、传感器、通信技术的应用，还将有效提升交通基础设施建管养的智能化水平，例如，基于智能终端的养护管理系统可以及时、准确、大范围地发现基础设施破损的情况，并完成跟踪维护和督查督办。

（4）缓解交通拥堵，赋能城市公交

随着我国经济的发展，人们的生活水平不断提高，汽车在城市中的保有量不断上升，这给城市的交通系统带来了极大的压力，城市的道路拥堵问题日益严峻，大力发展公共交通成为缓解交通拥堵的重要手段。

基于人工智能技术，根据历史交通流量信息，利用机器学习和神经网络算法进行公交线路合理规划、车辆行驶轨迹全息可控、车辆驾驶状态全程追踪，实现智能调度、智能分析、智能管控，提高公共交通运行的准点率，有效缓解城市交通的拥堵

问题。

(5) 智能路况分析，提高道路效率

随着互联网技术的发展，将先进的传感技术、通信技术、计算机技术、控制技术有效应用于道路的监控管理系统中，可以极大地提高交通系统的监控、服务、管理效率。交通管理中的各个系统能够快速采集道路交通信息数据，并对采集到的数据进行分析处理，通过这种方式可以及时准确地获取道路的交通状况，为交通管理和调度等提供数据支持。例如，利用道路上的监控系统和相应的传感技术，可以实时获取影响道路交通安全的问题，并及时将相关信息上传到交通管理系统，再通过交通管理系统发布到相关的出行者的移动终端上，为出行者提供准确的道路交通信息，以便出行者能根据当前的交通信息确定自己的出行时间、出行路线、交通方式等。

2.3.2 大数据技术

1. 概述

交通大数据是跨界多维多源的大数据，涵盖交通、电信运营商、互联网、公共交通、气象、环保、民政、快递、民航、旅游等多个行业的结构化与非结构化数据。

对于城市交通领域，大数据技术主要应用于与交通运行相关的监控设备、交通服务及数据应用上，例如，客运站点的监控视频数据、不同公路的交通情况、收费条件、城市公交卡的使用数据和定位数据、城市出租车的载客和实时位置变化等。交通领域的数据量大、数据种类繁多、数据更新频率比较快，因此，大数据技术的运用将为城市交通领域提供定量、实时、准确的结果。

2. 关键技术

(1) 交通大数据采集与集成技术

近年来，物联网、车联网、智能终端、移动终端设备在城市交通、铁路、航空、水运、公路等领域的普及应用，进一步拓展了交通数据采集的广度和深度，为交通大数据的发展提供了基础。

包含移动终端采集方式在内的各种新的数据采集与集成技术不断涌现，但仍存在"信息孤岛"、数据碎片化等问题。目前，各行业交通数据的基础信息平台呈现分布式和网络化特点，数据集成技术应向多源异构数据之间的数据信息资源、平台资源、网络资源和应用资源的有效融合和共享方向发展，而传统信息采集技术无法满足上述需求。

从技术发展趋势来看，需要研究大数据条件下的跨行业、跨地域的交通静态和动态数据特征，数据交换和共享，以及预处理的关键技术，以支撑对静态及动态两大类交通数据的采集、抽取和融合集成。这些数据包括公路、铁路、航空、水运等多个行业的设施（例如路网）、设备（例如车辆）、人员、安全保障等基础数据，以及综合交通网络中人、车、路、环境等相互作用的关系数据，例如，速度、密度、流量、位置、票价等。

因此，需要对多用户海量、异构、有效数据的高质量、高效率共享与交换进行系统性研究，通过研究综合交通跨行业/多源异构大数据采集技术（包括基于时空感知的移动交通数据采集技术、固定式交通数据采集技术、交通实时流量数据采集技术、基于 Hadoop 的多源异构数据抽取技术等）、综合交通跨行业多源异构大数据预处理技术（包括交通多源异构大数据 ETL[1] 技术、交通大数据隐私保护技术等）、综合交通跨行业多源异构大数据集成融合技术（包括交通跨行业数据编码与标准化技术、交通跨行业数据共享与交换技术、交通跨行业多源异构数据泛化建模技术等），实现多源异构数据之间的数据信息资源、平台资源、网络资源和应用资源的有效融合和共享，为大型综合交通系统的时空感知和运行状态控制提供基础。

（2）交通大数据云存储与资源管理调度技术

在现代综合交通信息化、物联网化的驱使下，数据快速增长，而基于关系数据库的传统存储技术无法支撑这种增长。目前，针对具有多源异构特征的综合流量大数据的云存储和资源管理调度技术的研究较少。因此，为了在综合交通中对人、车、路等方面进行统一智能的管理和资源配置，实现顺畅、节能、便捷的交通，人们需要进一步系统研究综合交通的多源异构大数据分布式存储技术（包括基于 Hadoop 的大规模数据分布式存储技术、大规模交通地理空间数据分布式存储技术、基于关系/关联矩阵的时空高效指标设计等）、基于云计算的多源异构流量数据集成管理与数据仓库技术（包括基于分布式云存储的海量数据仓库技术、多源异构交通数据资源资源管理、基于云计算的调度技术等）。

1　ETL（Extract Transformation Load method，抽取、转换、装载方法）。

（3）交通大数据计算与挖掘分析技术

随着云计算、并行计算、深度学习等技术的发展，高效的数据挖掘和机器学习算法为具有多源、异构、海量特征的流量大数据的挖掘、处理和分析提供了有力保障。这些方法已应用于具体的交通问题分析，但很少有人对交通大数据的系统整合进行深入研究。

因此，要进一步研究基于深度学习和类脑计算的交通目标识别技术、异构动态交通大数据关联挖掘与知识发现技术、面向综合交通需求的机器学习技术、大数据挖掘技术、交通安全防救保障分析与评价技术、综合交通大数据分析与应用平台技术，以提升交通管理的及时性和可预测性。

（4）交通大数据可视化与决策支持技术

通过对交通数据的大规模机器学习，人们可以获得有关领域专家或交通管理者关注的信息。为了实现交通大数据的应用，形成可推广的应用示范项目，直观地了解挖掘和分析结果，形成知识辅助决策至关重要。目前，已经基于各种可视化基础技术实现了交通大数据的可视化展示，但这种展示多为各种特殊场景的数据可视化，并非基于平台，无法为智能集成的综合交通管理提供直观、科学的决策支持。

因此，要实现基于大数据分析的综合交通决策，需要采用基于交通管理和运筹控制的高级人机交互方法，利用大数据挖掘、可视化等技术作为辅助管理者科学决策的手段。

（5）交通大数据安全与应用融合技术

在大数据环境下，交通大数据的应用是个庞大而复杂的技术生态系统，包括很多前沿信息技术，例如，机器智能、深度学习、分布式并行计算等技术，同时，新的技术框架和平台层出不穷。但与传统信息安全相比，大数据条件下的信息安全更加复杂，海量数据的集中存储增加了数据泄露的风险，数据可靠性、隐私问题也需要先进的技术来进行解决。

3. 应用

（1）交通信息服务系统

交通信息服务系统是城市智能交通系统中最重要的组成部分，主要由传感器网络组成，从而对数据进行全面的分析。因此，在建设交通信息服务系统时，要充分利用大数据技术和传感设备，了解道路上的车辆及其行驶状况，全面监控道路上车辆的状态和位置，以便对信息进行筛选和分析，并实时将相关信息传递给每个车辆驾驶员。

这样既降低了驾驶员盲目出行的概率，缓解了城市交通的拥堵，又能提前为驾驶员规划路线，提高出行效率，从而保障城市交通畅通、安全。

（2）交通管理系统

与交通信息服务系统不同，交通管理系统主要依靠城市交通信息服务中大数据获取的实时路况信息，同时整合天气信息，从而梳理车辆当前运行情况，判断安全事故。一旦发生安全事故，工作人员必须根据实际情况及时做好处置工作，避免高峰时段出现大规模交通拥堵的情况。大数据技术在城市交通管理系统中的应用，将最大限度地稳定运行城市，对城市发展起到非常重要的作用。例如，当城市交通管理系统运行时，可以通过手机信号的密度来判断路况。如果某个路段的手机信号比较密集，要及时确认该路段的拥堵情况，判断是否有交通事故发生。

（3）城市交通安全系统

城市交通安全系统是城市交通网络发展的重要组成部分，是大数据在城市智能交通系统中的重要应用，该系统通过对年度事故发生系数进行详细分析，制定针对性和可操作性强的解决方案，以提高未来城市智能交通的安全性。城市交通安全系统的应用主要体现在安全驾驶系统及相关城市交通部门的设计上。借助城市交通安全系统，城市交通部门可以全面了解该城市道路的维护情况，为城市交通的稳定和安全提供支撑。

在大数据时代，城市交通与各种新技术的结合是适应时代潮流的体现，物联网、云计算可以推动城市智能交通的发展，使我国的城市交通管理模式不断变化。随着经济水平的不断提高，人们对城市交通智能化发展的需求越来越强烈，因此，要继续加强大数据技术在交通信息服务系统、交通管理系统、城市交通安全系统中的应用形式，促进大数据技术的灵活应用。此外，有关部门要加强大数据技术运用专业人才的培训，推动大数据技术和城市交通高质量发展，同时要加强大数据信息安全建设，完善相关法律法规，不断推动交通领域智能化、安全化转型。

2.3.3 数字孪生技术

1. 概述

数字孪生技术通过数据采集、多维建模，根据不同任务来高度还原物理世界的物质和事件细节等，实现对精确视觉渲染的需求，通过数字化手段在虚拟世界中构建完全符合任务要求的模型，实现对物理世界目标对象的动态及时仿真、监测、分析和控制。数字孪生技术通过对物理世界中的数据（含历史数据）进行采集，并综合多学科、多物理量、多尺度、多概率的仿真技术，完成虚拟空间中的数字映射，从而反映相应实体的全生命周期过程。

密歇根大学的迈克尔·格里夫斯教授在2003年提出了"物理产品的数字表达"，并强调"物理产品的数字表达"能抽象地表达物理产品，能够基于数字表达对物理产品进行真实条件或模拟条件下的测试。之后，数字孪生逐渐拓展到模拟仿真、虚拟装配和3D打印等领域，2014年之后，随着物联网技术、人工智能技术和VR/AR技术的持续发展，数字孪生逐渐拓展到包含制造和服务在内的完整的产品周期阶段。

2. 关键技术

（1）数据采集技术

数据是数字孪生的核心要素，它源于物理实体、虚拟模型、服务系统，在被融合处理后又融入各个部分，驱动各个部分的运转。因此，数据采集技术是数字孪生的基础。目前，市场上各个产品公司使用的现场总线不同，用于设备之间进行数据传输的设备通信协议也大有偏差，因此目前全球还没有一个统一的应用层协议。

目前，市场上至少有上千种设备通信协议，例如，Modbus、HART、ASI、PPI、TCP/IP、NetBEUI、MPI及工业以太网等，不同的协议所产生的数据格式完全不同。

硬件设备的端口类型多种多样，包括RJ-45、SC、AUI、BNC、Console、FDDI等，给设备互通带来很大的难度，极易形成"信息孤岛"。要从控制系统中读取设备数据，需要经过数据格式解析、数据结构重新定义、数据逻辑重新定义等过程，并且必须对原生数据进行清洗，然后从众多的数据中提取关键、有效的部分并进行输出，同时，还需要支持开放式通信标准OPC UA[1]和应用程序接口自定义协议接入，确保数据传输的稳定性，降低数据传输的时延，实现边缘数据采集的高速、高可靠和高适应性，从而为后续数字孪生系统运行提供重要的基础。

（2）数据应用技术

孪生数据包括物理实体、虚拟模型、服务系统相关的数据、领域知识及其融合数据，

1　UA（Unified Architecture，统一架构）。

并随着实时数据的生成而不断更新和优化。孪生数据是数字孪生运营的核心驱动力。

根据应用对象和需求，分析物理实体的特征，建立虚拟模型，构建连接，实现虚实信息数据的交互，最终借助孪生数据的融合和分析为用户提供各种服务应用。多维虚拟模型是实现产品设计、制造、故障预测、健康管理等各项功能的核心部件，多维虚拟模型在数据驱动下将应用功能从理论变为现实。

（3）数据建模技术

数字孪生应用中真实物理空间的建模需要丰富的建模、计算求解、仿真工具集，以强化多时空尺度模型的统一计算求解能力。通用信息模型（Common Information Model，CIM）可以被理解成 3D 信息化城市。

CIM 的关键技术包括以下 3 个。

- GIS。GIS 包括建筑模型、模型信息、交通道路、发展规划、绘图和路线规划等信息。这里需要使用高精度地图。高精度地图实际上与普通导航电子地图类似，都服务于自动驾驶系统。高精地图也称自动驾驶地图、高分辨率地图，是面向自动驾驶汽车的一种新的地图数据范式。高精度地图绝对位置精度接近 1m，相对位置精度在厘米级别，能够达到 10～20cm。
- BIM。BIM 是由 3D 模型形成的数据库，可以通过基础数据、绘制模型、仿真实验等方法来模拟建筑的真实信息，包括建筑的设计信息和内部构造。BIM 可以从质量、进度、成本和安全等方面跟踪协调建筑的施工全过程。
- 物联网信息模型。物联网涉及"物"的采集、存储、集成、传输和处理，物联网在智慧城市建设中的应用是建立一种服务实体模型，让智能设备互连、互通、相互操作。

（4）人工智能技术

在数字孪生应用中，需要在虚拟空间中对真实物理实体进行多概率仿真，这需要算法模型和人工智能技术的支持。将复杂的设计模型输入神经网络，通过深度学习算法降低模型的自由度，提供我们需要的模型能力。原则上，对物理实体的虚拟都必须进行模拟，而使用人工智能可以高效地选择可用性最高的仿真选项。

（5）人机交互技术

动态实时交互连接将物理实体、虚拟模型和服务系统连接成一个有机的整体，使数据在部件之间传输。同时，以最便捷的形式向用户提供数字孪生应用产生的智能应用、精准管理和可靠的运维功能，为用户提供最直观的交互。

3. 应用

基于数字孪生的智能交通概念主要是指通过数字采集系统、网络传输系统和智能应用系统构建数字空间中真实交通系统的映射模型，推动交通要素数字化、交通运行可视化、交通管理智能化、交通服务个性化。借助交通模拟、模型推演、数据分析、迭代优化等手段，实现数据驱动、智能化决策的交通管理和服务，最终实现真实交通系统与数字交通系统的同步运行和双向交互，实现综合提升交通效率的新型交通系统。数字孪生概念为交通规划、建设、运营、管理和服务提供了新的发展空间，将成为未来交通系统发展的新方向。数字孪生在交通领域的主要应用如下。

（1）为应急救援护航

在道路资源紧张的城市，尤其是在中心城区，交通拥堵频繁，打通应急救援车辆的"绿色通道"一直是城市管理者关注的重点。数字孪生为紧急救援提供了新的解决方案。基于人工智能等技术，学习人、交通、道路等的特征，实现对车辆到达下一个十字路口的时间进行秒级精准预测。持续优化红绿灯的等待时间，通过交通模拟得到交通时间最短的信号灯方案。结合特种车辆需求，定制交通路线，通过仿真控制沿线信号灯，大幅缩短应急救援车辆通行时间，从而有效提高突发事件的处理效率，打通全自动"绿色通道"，提高城市安全率。

（2）加速智能驾驶落地

如何应对复杂的场景变化，提高车辆的适应能力，保证行车的安全性和稳定性，一直是智能驾驶的痛点。

在高精度地图方面，城市或城市级数字孪生数据可以作为高精度地图，支撑智能驾驶车辆的基础环境数据。在智能驾驶测试方面，数字孪生拥有完整的工具链仿真系统，可实现道路、地形、交通标志、灯光、天气、交通流量等的高精度仿真。利用高度逼真、场景丰富的仿真平台，基于真实道路数据、智能模型数据和案例场景数据，对智能驾驶车辆进行测试和训练，提高智能驾驶的决策执行力和安全稳定性，使智能驾驶更安全地推广和普及。

（3）寻找治理拥堵的最优解

从全局视角全面准确地量化城市交通动态的标志，避免交通决策以偏概全是交通领域的难题。数字孪生可以为此提供解决方案。在数据聚合阶段，数字孪生通过全要素数据的聚合，精准捕捉城市标志和人像，实现对城市交通动态标志的新洞察。同时，数字孪生从全局和所有要素出发，以城市的 PB 级数据作为训练集，通过人工智能技术精准辅助决策。从道路供给侧出发，持续优化交通供给侧容量，通过交通模拟优化路网结构，提高道路承载能力，合理布局公共交通车辆规模和车队路线。从交通需求侧出发，合理配置交通需求，对出行车辆实施交通引导和出行广播，为出行者规划更高效的路线，避免大规模拥堵，提高全市交通效率。

（4）灾害监控及安全辅助决策服务

通过交通数字孪生系统，可以有效模拟泥石流、城市内涝等自然灾害，了解其影响范围，进而提高安全管理和应急保障水平。例如，对于城市内涝，在拥有某城市的数字高程模型时，可根据 V8 算法计算出区域内的流向，然后结合该城市某个水点的实时监测数据，获取该城市在一定降雨下的地面流量，进而获取该城市的实时内涝特征向量，并通过特征向量关联未受损的交通网络，然后在道路交通容量受损的情况下，使用数字孪生平台，得到可行的规划路径。

2.4 汽车技术

据世界卫生组织统计，我国每年死于交通事故的人数大约为 20 万人，全球每年死于交通事故的人数在 120 万人左右，且这一数据正在逐年攀升。美国公路交通管理局的一项报告显示，93% 的事故与人为失误有关。欧盟对欧洲交通事故进行分析后得出，安装高级自动驾驶辅助设备能有效减少 25% 的前向碰撞，可避免 60% 的横向偏离碰撞。目前，有以下 3 种主流的自动驾驶辅助汽车技术。

2.4.1 车载感知技术

1. 概述

车载感知技术是在车辆上安装激光雷达、毫米波雷达、摄像头等要素感知设备，从而获得包括障碍物（人、车、抛洒物等）、位置、速度等在内的车辆周围环境信息，辅助车辆智能决策的技术。

感知环节对于自动驾驶技术极其重要，相当于车的"眼睛"和"耳朵"，负责了解周围障碍物和道路的信息。车载感知技术通常分为两大类——自主环境感知技术和协同环境感知技术。

自主环境感知技术主要利用毫米波雷达、视觉传感器等车载传感器感知周围环境，感知目标主要包括动态目标（汽车、行人、骑自行车者等交通参与者）和静态目标（道路、房屋、树木等建筑设施）。感知内容主要为对动、静态目标（障碍物）的 3D 尺寸、3D 位置、几何形状、行驶方向等物理信息进行精细的预测和判断。协同环境感知技术是指使车辆能够共享信息，感知视野以外的环境信息。

2. 关键技术

（1）毫米波雷达

信号波长在 1~10mm 的探测雷达统称为毫米波雷达。毫米波雷达具有探测稳定、探测范围广等优点。不同应用场景使用的毫米波雷达类型有所不同，例如，超短距离雷达主要用于占位检测，短距离雷达主要用于侧向来车预警，中距离雷达主要用于车道变更辅助。

（2）视觉传感器

视觉传感器因其低廉的价格、较高的分辨率及丰富的信息等特点，广泛应用于智能汽车自主环境感知技术领域，但容易受照明变化、遮挡等因素的影响。在实际检测过程中，视觉传感器很难准确分割并提取车道线，以及精确地定位目标（车辆、行人等）。自动驾驶检测过程中采用工业摄像机作为视觉传感器，该摄像机具有超高的图像分辨率、较强的传输能力和抗干扰能力，并且有单目、双目和三目 3 种类型。

纯视觉感知在硬件方面较为单一，使用单目或多目传感器采集信息即可，但在软件方面需要更多的算法来弥补。算法方面简单划分，需要做到车道线检测、目标检测（包括路上行人或其他交通工具、障碍物检测与跟踪等）、交通信号识别等。

（3）激光雷达

激光雷达是一种遥感技术，其工作原理是发射反射目标物体的红外光束或激光脉冲，通过发射和接收之间的时间间隔进而估算距离。当激光雷达扫描其周围环境时，它会以点云的形式生成场景的 3D 图。

按光线数量分类，激光雷达可分为单线激光雷达和多线激光雷达。单线激光雷达只能进行平面扫描，每帧获得的数据量少，目前多用于场景简单的室内机器人领域。

多线激光雷达能够感知周围环境的 3D 信息，所以常用于车辆。3D 激光雷达根据是否有机械部件分为固态激光雷达和机械激光雷达。固态激光雷达分为闪光型激光雷达、微机电系统型激光雷达和相控阵激光雷达 3 种类型。

3. 应用

（1）障碍物检测

障碍物检测的一种方法是利用激光雷达和相机的融合（主要包括空间融合和时间融合）来检测障碍物。空间融合主要是指将激光雷达坐标系中的点映射到影像坐标系；时间融合主要是指使每个传感器输出在同一时间轴上，便于多传感器融合。

（2）信号灯状态识别

目前，使用最广泛的方法是基于人工智能的视觉算法，该算法通过颜色和形状信息来识别交通信号灯。此外，还存在一种基于 V2X 信号灯状态识别的方法，该方法通过在交通信号灯处安装信号发射器，将交通信号灯的状态信息连续传输到周围环境，车辆在接收到信号发射器发送的信号后，判断交通信号灯的状态。

（3）标志标线检测

标志标线检测的方式与交通信息灯的检测方式类似，可以直接使用深度神经网络对原始图像进行标志标线检测，也可以结合高精度地图，将交通标志信息存放在高精度地图中，在车辆行驶的过程中，直接根据车辆的位置从高精度地图中获取交通标志信息。

2.4.2 车联网技术

1. 概述

车联网技术作为物联网的应用场景，通过对汽车行驶中各种感知数据的采集、传输和分析，实现对车辆信息数据的控制。车联网不仅能够有序地连接不同的车辆，还能够将车辆与道路、行人、交通设施相连接。车联网一般可分为 3 个部分。

（1）车联网感知层

在汽车的关键部位部署不同类型的信号采集传感器，例如，智能摄像头、距离传感器、激光传感器、速度传感器等。通过传感器之间的配合实现感知效果，以物联网作为信息传递的手段，实现对车辆的感知和预测。车联网感知层是车联网的终端，也是汽车获取信息的来源。

（2）车联网网络层

车联网网络层利用网络技术，将车联网感知层各种传感器采集的信息通过有线或无线的方式连接到数据处理中心，从而实现对感知层采集的信息进行传输、分析和处理。

（3）车联网应用层

车联网应用层根据客户需求和实际使用情况提供相应的应用服务。车联网的各种应用必须在现有网络系统和协议的基础上，兼容未来可能的网络扩展功能。应用需求是车联网技术发展的动力源泉，在实现智能交通管理、车辆安全控制、交通事件预警等高端功能的同时，还应为车联网用户提供车辆信息查询、信息订阅、事件通知等服务功能。

2. 关键技术

（1）汽车探感技术

汽车探感技术主要指射频识别（Radio Frequency Identification，RFID）技术。人、车、物的感知是行车安全、避免碰撞和智能驾驶的基本要求。RFID技术与无线传感网络技术是物联网的基本技术之一，用于感知周围物理环境并识别物体。全局标识是RFID技术首要解决的关键技术难题，现有的RFID标识并没有统一的规范，如果所有接入互联网的设备都有统一的规范和标准，那么随着RFID技术的逐渐成熟，物联网大规模应用和异构传感网络集成带来的问题将会得到妥善解决。

（2）通信与网络技术

车路通信主要是通过专用短程通信（Dedicated Short Range Communications，DSRC）技术实现RSU和OBU的通信。OBU能够有效接收RSU发出的信息，分析交通流量、道路安全状况及车辆紧急状况、交通指示信号等。车与车的通信基于车载AdHoc网络，允许车辆数据在传输范围内自由交互，对于在设定范围外的车辆通信，数据交互主要基于互联网协议。

（3）数据处理技术

海量数据处理技术的发展和功能推广的重点主要集中在云计算技术、数据智能预处理技术、数据安全保障技术和大数据存储技术等方面。云计算技术推广应用的主要突破方向在于车联网系统海量数据的预处理功能、交通信息交互与安全等方面。现有的云计算技术主要采用 Hadoop 团队开发的分布式文件系统（Hadoop Distributed File System，HDFS）数据存储技术。交通云的数据存储技术的突破方向应倾向于海量数据存储、数据加密和安全性保证及提高输入/输出（Input/Output，I/O）速率等方面。

3. 应用

（1）道路货运车辆公共监管与服务

车联网技术在客车市场相对成熟，通过车联网平台将车辆监控、路线规划、安全行车等融为一体，其工作原理是车载设备在后台接入公共平台，平台在比对自主公交数据库的前提下，实时汇总所有车载平台上传的数据，扩大其应用服务范围，并将数据整体展示给驾驶员。

（2）紧急救援系统

当发生紧急情况时，车主按下车上安装的紧急按钮，通过无线通信接通客服中心，客服人员能够通过 GPS 精确定位，让救援人员到达车主的位置。在救援过程中，客服人员不仅能与车主一直进行在线交流，还能实时调度救援资源，尽量减少车主的生命财产损失。

（3）车载社交网络（车内网）

基本的车联网应用可以实现车载社交网络，典型的应用是下载音乐、电影、游戏等。例如，奥迪的 MM 系统、宝马的 IDV 和奔驰的 COMAND，这些系统包括导航、Wi-Fi、移动应用、服务等内容，可以实现在线听音乐、看电影、浏览城市活动等功能。目前，国内车联网应用主要集中在车载社交网络领域。

2.4.3 自动驾驶技术

1. 概述

自动驾驶是一个由激光雷达、毫米波雷达、摄像头、全球定位系统、惯性测量单元等多个传感器和子系统组成的高级复杂性系统性工程。从 20 世纪 70 年代开始，自动驾驶技术在美国、英国、德国等发达国家开始被研究，并在可行性和实用性方面取得了突破性进展。2004 年，美国国防高级研究计划局在 Mojave 沙漠组织的自动驾驶挑战赛推动了自动驾驶技术的快速发展。我国从 20 世纪 80 年代开始研发自动驾驶系统，国防科技大学、北京理工大学、清华大学、同济大学、上海交通大学、吉林大学等都有自动驾驶汽车的研究项目，并取得了阶段性成果。国防科技大学和中国一汽联合研发的红旗自动驾驶轿车高速公路试验成功。同济大学汽车学院建立了无人驾驶车辆研究平台，实现环境感知、全局路径规划、局部路径规划及底盘控制等功能的融合，让自动驾驶车辆具备自主"思考—行动"的能力，使自动驾驶车辆能完成融入交通流、避障、自适应巡航、紧急停车（行人横穿马路等工况）、车道保持等无人驾驶功能。

2. 关键技术

自动驾驶的关键技术大致可以分为 3 类：感知、规划和控制。

（1）感知

感知是指自动驾驶系统从车辆所在环境中收集信息并从中提取相关知识的过程，通常包含环境感知和定位两个部分。其中，环境感知特指对环境的场景理解能力，例如，障碍物的类型、道路标志及标线、行人车辆的检测、交通信号等数据的语义分类。定位是对感知结果的处理，通过定位功能，自动驾驶车辆可以了解自身的位置及其周围的环境。

为了确保自动驾驶车辆对车身周围环境的正确理解和对应决策，自动驾驶系统的环境感知部分通常需要获取周围环境的大量信息，例如车道线检测、红绿灯识别、交通标志牌识别、行人检测、车辆检测等。

（2）规划

规划是指自动驾驶车辆为了到达某种目的地而做出决策和计划的过程。对自动驾驶车辆而言，这个过程通常涉及从起始地到目的地的全程，可避开障碍物，并不断优化行车路线轨迹和行为，以保证乘客的安全舒适。规划层通常被细分为任务规划、行为规划和动作规划 3 层。

任务规划也被称为路径规划或者路由规划，通常情况下，数字上变频器（Digital Up Converter，DUC）中提供了路由网络定义文件作为先验信息，其中包含相对顶层、全局的路径规划，例如起点到终点的路径选择等。

行为规划有时也被称为决策制定，其主要任务是根据任务规划的目标和对当前环境的感知（例如其他车辆、行人的位置和行为，当前的交通规则等），做出自动驾驶车辆下一步需要执行的决策和动作。

通过规划一系列执行动作以达到某种目的（例如避障）的处理过程被称为动作规划。常用两个指标来考量动作规划算法的性能，即计算效率和完整性。

（3）控制

控制是将规划转化为行动的执行过程，主要通过向硬件提供必要的输入来执行规划信息，并产生期望的运动。一般情况下，控制器根据硬件的力矩和能量来映射现实世界中的交互。

3. 应用

（1）自动驾驶出租车

目前，出租车行业正面临着从业人口数量下降、出行服务人力成本提高、企业运营负担加重、交通事故逐年上升的问题，将自动驾驶技术应用于出租车行业能够提升企业运行效率，降低成本，服务好大众出行。

在成本方面，现有自动驾驶与人工驾驶的成本基本持平。自动驾驶出租车是使用自动驾驶技术代替人工驾驶员进行驾驶行为的出租车服务。受各地政策与技术成熟度的影响，目前自动驾驶出租车需配备安全员，成本较高。但根据麦肯锡的预测，与传统出租车成本相比，自动驾驶出租车每千米的成本不断下降，将在2025—2027年达到拐点。

在安全性方面，自动驾驶可以有效避免人为因素造成的事故风险。机器人出租车避免了人为因素造成的事故风险。人类驾驶员的注意力被各种因素分散，而自动驾驶系统不存在此类情况。

在环保方面，推广"自动驾驶＋共享出行"模式，可在一定程度上改善环境污染问题。

（2）干线物流

交通干线有明显的环境特点：一是具有结构化道路，道路特征明显、车道线清晰、环境简单；二是交通参与者少，无对向来车、无行人、无低速车；三是商业需求明确，端到端货物运输，运营复杂程度低。利用自动驾驶技术赋能干线物流，可达到以下效果。

- 大幅降低人力成本、减少燃油消耗，赋能物流企业降本增效。自动驾驶货车在长途运输时，可将驾驶员减少到 1 名，短途运输可显著减少驾驶员的工作量。
- 通过多车协同调度，增加运营时间并提高运输效率。货车驾驶员每天工作的时间是有限制的，但自动驾驶货车理论上可以一天工作 24 小时。
- 有效提高安全性，避免疲劳驾驶、超载等人为因素造成的事故。自动驾驶技术避免了车辆高速行驶时，驾驶员注意力不集中而引起的交通事故。

（3）末端配送

面对末端配送需求与日俱增、配送痛点持续存在、劳动人口不断下降的多重压力，市场提出许多解决方案，例如，代送、自提柜存放、便利店自提等，使问题得到一定的缓解。然而，面对快递和外卖的巨大人力支出成本，平台仅靠人工配送，很难彻底解决城市端配送面临的问题。

无人配送车有望成为"最后一公里"问题的解决方案。一是无人配送车可以减少对快递员的需求，解决快递员流量大、就业难的问题，能很好地应对未来劳动力短缺的问题；二是无人配送车取代快车、三轮车，有利于交通环境的治理，消除道路和社区的安全隐患；三是无人配送车可以通过网络连接功能定制服务，减少重复配送次数，提高配送效率。

2.5 本章小结

本章主要针对通信技术、新型道路信息感知技术、互联网技术、汽车技术在数字道路领域的赋能进行阐述，从概述、关键技术到行业应用场景等方面进行了详细介绍。不难发现，新型智能交通技术的发展为数字道路提供了强劲的动力，加速了数字产业化和产业数字化的转型进程。与传统道路相比，新一代信息技术在道路基础设施领域的融合应用逐步深化，有力推动了我国交通行业的数字化、网络化、智能化发展。

第 3 章
数字道路的构成

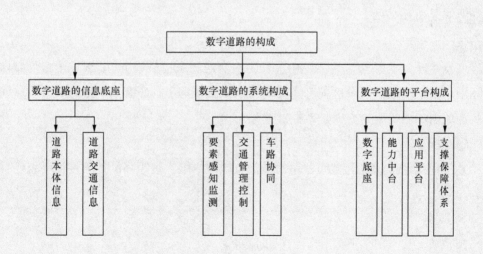

3.1 数字道路的信息底座

数字道路的信息底座为道路信息化提供道路本体信息和交通信息，从而构建智能交通融合基础设施体系，推动交通基础设施数字化转型、智能化升级，提升基础设施的安全和效率。

3.1.1 道路本体信息

1. 道路分类

我国按照道路使用特点将道路划分为城市道路、公路、厂矿道路、林区道路、乡村公路5种。

（1）城市道路

城市道路是指对内通达至城市各区域，供城市内交通运输及行人使用，便于居民生活、工作及文化娱乐活动，对外与市外道路相通，承接对外交通运输功能的道路。按照使用功能，城市道路可分为以下4种。

① 快速路

按照为城市长距离机动车出行提供交通服务的效率等级，快速路可划分为Ⅰ级快速路和Ⅱ级快速路。

② 主干路

Ⅰ级主干路为城市区域间的中、长距离交通联系提供服务。Ⅱ级主干路为城市区域间中、长距离联系及分区内部主要交通联系提供服务。Ⅲ级主干路为城市区域间联系及区域内部中等距离交通联系提供服务。

③ 次干路

次干路为干线道路与支线道路的转换及城市内中、短距离的地方性活动组织提供服务。

④ 支路

支路为短距离地方性活动组织提供服务。

（2）公路

公路是指连接城市、乡村、厂矿、林区的道路，主要供汽车行驶并具备一定技术条件的交通设施。根据公路的功能、使用任务和适应的交通量，公路分为高速公路、一级公路、二级公路、三级公路、四级公路。

① 高速公路

高速公路是指设有中央分隔带，具有4个或4个以上车道，全部立体交叉、控制出入，专供汽车分向、分车道高速行驶的公路，能适应年平均日交通量25000辆以上。

② 一级公路

一级公路是指连接高速公路或某些大城市的城乡接合部、经济开发区等地区的干线公路，部分控制出入，提供车辆分向、分道行驶功能，一般应设置隔离带，设施与高速公路设施基本相同。一级公路可适应年平均昼夜汽车交通量5000～25000辆。

③ 二级公路

二级公路是指连接政治中心、经济中心或大型工矿区及运输繁重的干线公路，能适应按各种车辆折算成中型载重汽车的年平均昼夜汽车交通量2000～5000辆。

④ 三级公路

三级公路是沟通县、城镇的集散公路，能适应按各种车辆折算成中型载重汽车的年平均昼夜汽车交通量2000辆以下。

⑤ 四级公路

四级公路是沟通乡、村等地的支线公路，能适应按各种车辆折算成中型载重汽车的年平均昼夜汽车交通量200辆以下。

（3）厂矿道路

厂矿道路是指为工厂、矿山、油田、港口、仓库等服务的，专供工厂、矿山汽车运输车辆通行的道路。

（4）林区道路

林区道路主要是指供各种林业运输工具通行的道路。林区道路是国有林场生产生活的基础性、先导性服务设施，是国有林场林区经济社会转型发展的重要推动力，是改善民生、脱贫致富的重要手段，对保障生态安全和社会具有重要意义。

（5）乡村公路

乡村公路可供人、畜力车、农用机械/车和少量汽车通行，承担乡村内部经济与文化功能，便于提供行政服务，有利于乡村与外部建立联系。一般为乡村通往邻近乡村、集镇和衔接公路、支路、干线的短途运输线。

2. 道路基本组成

道路主要由线形、路基、路面、桥梁、隧道、排水系统、防护工程、特殊构造物、绿化带、照明设备、车道信息、道路交通标志标线、交通服务设施构成。

（1）线形

线形是指公路中线在空间的结合形状和尺寸。道路线形由平面线形、横断面线形、纵断面线形组成。

平面线形是指道路中线在水平面上的投影形状，由直线、圆曲线、缓和曲线3种线形构成。在进行道路平面线形设计时，一般会遵循以下原则：平面线形应直捷、连接、顺适，与地形地物相适应，与周围环境相协调；平曲线应有足够的长度；保持平面线形的连贯与均衡；应避免连续急弯的线形；必须满足行驶力学的要求，应尽量满足驾驶员对高速路在视觉和心理上的要求。

横断面线形是指过中线桩垂直于中线方向的断面，横断面线形是沿道路中线竖直剖切的曲面展成的竖向平面线形。

纵断面线形是指道路中线在垂直水平面方向上的投影，它反映道路竖向走向、高程、纵坡的大小（即道路起伏情况）。

（2）路基

作为公路的基本结构，路基是支撑路面结构的基础，与路面共同承受车荷载与气候变化，需要抵制各种自然灾害的侵蚀和影响。

（3）路面

路面作为铺筑在公路路基上与车轮直接接触的结构层，承受和传递车轮荷载，承受磨耗，经受自然气候的侵蚀和影响。

（4）桥梁

桥梁是当道路路线遇到江河湖泊、山谷深沟及其他线路等障碍时，为了保持道路的连续性而专门建造的人工构造物。桥梁主要由桥跨结构（上部结构）、支座系统、桥墩、桥台、墩台基础组成。

（5）隧道

作为人们利用地下空间的一种形式，隧道埋置于地层内，例如，交通隧道、水工隧道、市政隧道、矿山隧道等。隧道的结构包括主体建筑物和附属设备。主体建筑物由洞身和洞门组成，附属设备包括避车洞、消防设施、应急通信和防排水设施，长、大隧道还需配备专门的通风和照明设施。

（6）排水系统

排水系统是结合道路工程排除路面与地面的雨雪水、城市废水、地下水，降低地下水位的设施。排水系统可以分为以下5类。

① 渗沟排水

渗沟排水采用渗透方式将路基工作区域以下较浅的大面积地下水汇集于沟内，并沿沟把水排到指定地点。

② 盲沟排水

盲沟是指在路基或地基内放置充填碎、砾石等粗粒材料并铺以倒滤层（有的埋设透水管）的排水、截水暗沟。盲沟属于地下排水渠道，用于排除地下水、降低地下水位。盲沟适用于浅层裂隙水路段，地下水流向与路基走向大体一致的挖方路基（尤其是泥岩、页岩和泥质砂岩路段）。旱季时，这些路段干燥，雨季时，地下水大量渗入地面，形成了足以破损路基强度的裂隙水，用土工布对填料包裹进行反复过滤，可以防止细颗粒堵塞盲沟。

③ 暗沟排水

暗沟是指用砖或水泥块砌成的桥洞形地下排水沟。暗沟的作用主要是把路基范围内的泉水和较集中的裂隙水（例如民用水）排到路基外。

④ 深边沟排水

深边沟和排除路基地下水及流向路基的小量地面水，结合了水平排水和垂直排水，借助路基一侧或两侧的加深边沟所组成的排水渠道而形成地下水降落漏斗，将地下水降低到路基临界高度以下，变地下水流为地面水流，并和原地面水流一道用排除路基地面水的方法排除到路基外，达到疏干路基的目的，使其保持干燥的状态和良好的稳定性。

⑤ 隔离层排水

隔离层排水使用土工布材料防止地下水向路基渗透，达到路基排水的目的。运用隔离层排水的土工材料多用土工布，它适宜在地下水位较浅的饱水松软地基上使用。

（7）防护工程

防护工程是指为了防止降水或水流侵蚀、冲刷及温度、湿度变化的风化作用造成路基及其边坡失稳的工程措施，主要包括以下工程。

路基坡面防护：常用的措施有种草、栽植灌木、抹面、喷浆、圬工铺筑等。

护岸工程：为免遭冲刷常用植物防护、抛石防护、砌石防护、石笼防护和浸水挡墙等；为免遭淘刷常用钢筋混凝土沉排、石床、大型砌块、活动护坡等。

（8）特殊构造物

道路附属构造物是指为保护、养护公路和保障公路安全畅通所设置的公路防护、排水、养护、管理、服务、交通安全、渡运、监控、通信、收费等设施、设备及专用建筑物、构筑物等，例如悬出路台、半山桥、明洞、半山洞等。

（9）绿化带

绿化带是指在道路用地范围内供绿化的条形地带，在城市美化、驾驶员视觉疲劳消除、环境净化、交通事故减少等方面具有重要作用。

（10）照明设备

照明设备是指在道路上设置的照明灯具，可提高交通能见度，有助于提升道路通行能力，保证交通运输安全，同时起到美化市容的作用。

（11）车道信息

① 机动车道

机动车道是指在公路及城市道路的车行道之间的车道，是专门提供给机动车行驶的道路，非特殊情况不允许行人或非机动车行走，设计机动车道时需要考虑车道宽度、车道数、车辆通行能力等。

② 非机动车道

非机动车道是指在公路、城市道路上供非机动车行驶的道路。

③ 人行道

人行道是指供行人通行的道路。

④ 交叉路口

交叉路口是指由两条或两条以上道路交叉所形成的交叉处。交叉路口分为平面交叉路口和立体交叉路口两大类。

平面交叉路口应分为信号控制交叉路口（平A类）、无信号控制交叉路口（平B类）和环形交叉路口（平C类）。平面交叉路口分类应符合以下规定。

● 信号控制交叉路口应分为进、出口道展宽交叉路口（平 A1 类）和进、出口道不展宽交叉路口（平 A2 类）。

● 无信号控制交叉路口应分为支路只准右转通行交叉路口（平 B1 类）、减速让行或停车让行标志交叉路口（平 B2 类）和全无管制交叉路口（平 B3 类）。

立体交叉应分为枢纽立交（立 A 类）、一般立交（立 B 类）和分离立交（立 C 类）。

（12）道路交通标志标线

① 实体交通标志标线

第一，道路交通标线。道路交通标线是指在道路的路面上用线条、箭头、文字、立面标记、突起路标和轮廓标等向交通参与者传递引导、限制、警告等交通信息的标识，其作用是管制和引导交通，可与道路交通标志配合使用，也可以单独使用。

道路交通标线按功能分为以下 3 类。

● 指示标线：指示车行道、行车方向、路面边缘、人行道等的标线。

● 禁止标线：告示道路交通的遵行、禁止、限制等特殊规定的标线。

● 警告标线：促使道路使用者了解道路上的特殊情况，提高警觉，准备防范或应变措施的标线。

第二，道路交通标志。道路交通标志是展示交通法规及道路信息的图形符号，它可以形象、具体、简明地表达交通法规，同时还表达了难以用文字描述的内容，用以管理交通、指示行车方向以保证道路畅通与行车安全。道路交通标志主要分为指路标志、指示标志、警告标志、禁令标志、旅游区标志、道路施工标志 6 类。

② 数字化交通标志标线

数字化交通标志标线是将交通标志标线承载的交通规则、道路状态等信息转化为更易于机器识别的数字信息，并以信息化的方式进行发布或传输的交通设施，例如 LED 发光交通标志等。

（13）交通服务设施

① 信号灯

信号灯是指为指挥交通正常运行，提高道路的交通运行效率及交通安全，在交叉路口或者路段部署的一种交通工具。信号灯主要分为机动车信号灯、非机动车信号灯、人行信号灯、公交车专用信号灯。

② 充电桩

充电桩是指为车辆提供充电功能的设备，主要布设于公共停车场，用于社会车辆的充电服务。随着物联网和新基建的发展，目前可以在智慧路灯上搭载充电桩设备供社会车辆进行充电，并结合物联网设备，实现高效、便捷、安全的充电服务。

③ 服务区

服务区是指在高速公路或者普通国省道干线上供驾驶员休息、提供补给及为车辆加油、充电等的场所。

④ 停车场

停车场是供车辆停放的场所。随着新技术、新装备的发展，智能停车成为可能。智能停车使用传感器、实时数据传输和移动应用程序开发，帮助用户监控可用和不可用的停车位置点，实现停车自动化，减少手动搜索最佳停车场、地点和地段的时间，具有预约停车、在线支付、停车时间通知甚至是大批量的车辆搜索功能。

⑤ 交通供电设施

交通供电设施将电能通过输配电装置安全、可靠、连续地输送给所需的交通基础设施，满足交通的正常工作运行。

⑥ 多功能信息杆

多功能信息杆根据场景需求搭载智能照明、视频安防、移动通信、智能交通、信息发布、便民服务、环境气象监控与治理、绿色能源、数据采集等功能。此外，城市道路沿线应配设道路照明状态感知设备，感知设备应具备设备照明质量、路段照明质量和照明设备本身运行状态等的感知能力和单灯控制等数字化处理能力，并依此形成道路照明的基础数据。

⑦ 公交车站台

公交车站台是为方便人们日常出行，为乘客在候车时提供遮阳、防雨和休息所建设的公共服务设施。随着城市的发展，目前，智能化公交站台已配有公交电子车牌、乘客候车设施、紧急呼叫设施、视频监控设施、停靠车道占用检测设施、公交卡充值设施、手机无线充电设施等，为广大市民的出行提供便捷服务。

- 公交电子车牌：公交电子车牌设施可以显示公交站点名称、公交车运行状态、车辆线路名称、广播提示信息、日期天气等。
- 乘客候车设施：公交车站台配有座椅和爱心座椅设施，供乘客候车时使用。
- 紧急呼叫设施：公交站台若出现特殊紧急情况，可以拨打电话进行紧急呼叫，减少意外发生的概率。
- 视频监控设施：对公交站台进行安全监控，公交车站是人口密集区域，且分布广泛，视频监控设施可以对周边可拍摄的范围内所发生的任何状况进行过往视频调取，有利于取证。
- 停靠车道占用检测设施：检测公交车停靠区域，对违法占用公交停靠区域的社会车辆进行检测，保证公交车的安全停靠。
- 公交卡充值设施：在公交站台建设公交卡充值设施，方便市民进行公交卡充值服务。
- 手机无线充电设施：在公交车站台建设手机充电设施，乘客在候车期间可以根据自身需求，为手机充电。

3.1.2 道路交通信息

1. 道路主体基础设施状态信息

（1）道路桥隧状态感知信息

城市道路桥梁隧道主体长期暴露在外界环境中，经常会受到恶劣天气的影响，可能会出现裂缝、坑槽、车辙、沉陷、桥头（涵顶）跳车、积水等情况，应布设相关物联网传感设备对道路桥隧状态信息进行感知。

（2）道路照明状态感知信息

道路照明状态感知信息包含照明质量、供电状态、通信状态和温/湿度等。

（3）沿线基础设施状态感知信息

沿线基础设施状态感知信息包含道路环境状态信息、公交站台状态感知信息、停车场/服务区智能化信息等。道路环境状态信息包含温度、湿度、风力、能见度、雨量、道路积水深度等；公交站台状态感知信息是指对公交站台进行智能化检测而产生的信息；停车场/服务区智能化信息是指智能的停车引导信息、服务信息等。

2. 道路交通运行状态感知信息

（1）交通流量信息

交通流量信息是指检测在道路上运动的机动车、非机动车、行人所产生的流量信息。其中，机动车信息包括交通流量、车头时距、饱和流量、平均车速、排队长度等。非机动车和行人信息包括行驶速度、数量、位置等。

（2）交通参与者检测信息

交通参与者检测信息是指检测交通参与者(机动车、非机动车、行人)的身份信息、状态、速度、位置、运动方向、行驶轨迹等特征信息。

（3）重点营运车辆监测信息

重点营运车辆是指"两客一危一重"，即旅游客车、三类以上班线客车、危险货物运输车辆、重型货车。应对重点营运车辆的超速行驶、疲劳驾驶、红眼驾驶、不按规定路线/时间行驶、驶入禁行区域、车辆不开启GPS、非法上路、违规驾驶等行为进行实时监测。

（4）交通信号灯状态信息

交通信号灯包含机动车信号灯、非机动车信号灯、人行信号灯、公交车专用信号灯。交通信号灯状态信息是指信号颜色（红绿黄）信息、计时信息、方向灯指示信息（直行、左转、右转等）和信号灯位置信息。

（5）交通事件信息

交通事件信息是指道路上可能存在的交通拥堵、车辆抛锚、交通事故、违章行为、违停、逆行、违法变道、行人、非机动车闯红灯、抛洒物、施工等情形涉及的信息。

3. 道路交通信息发布

（1）可变信息情报板系统

可变信息情报板（VMS）系统能够动态传递道路及交通引导信息，有利于缓解交通拥堵、促进交通流合理分配。典型的VMS功能架构如图3-1所示。道路管理中心和VMS系统之间主要由全球移动通信系统和通用无线分组业务连接，通过接收无线信号，经过控制系统发布，最终显示到屏体上，整个系统可以实现点对点乃至对多点的控制。

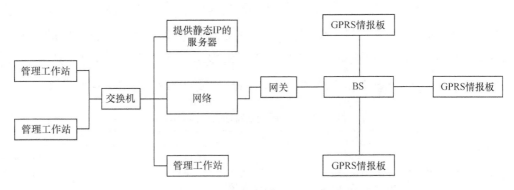

图 3-1　典型的 VMS 功能架构

VMS 是路网车流量引流的重要方式，VMS 发布流程如图 3-2 所示。在整个过程中，第一任务是确定路网中需采集的内容，一般应包括实时交通状态、日常天气信息、路网环境和交通管制信息等。采集的信息需要进一步分类处理，一般是由道路管理局和发布中心负责，最后通过电视、电台广播、室外 VMS 和车载终端设备发布信息。

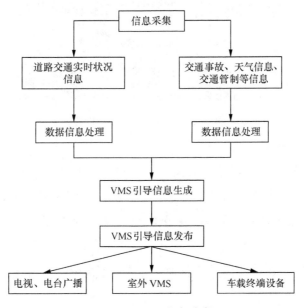

图 3-2　VMS 发布流程

VMS 显示的形式主要分为 3 种，即图形形式、文字形式、图文混合形式。这 3 种显示形式各具特点，3 种不同显示方式对比见表 3-1。以 VMS 的图形显示为例，它主要提供道路上的交通状况,以便出行者及时了解交通情况及其他相关道路控制的信息。此类型的引导形式比较直观,但是因为显示形式是图形式,所以需要较长的时间来反应,并且对 VMS 的可视距离要求比较高,适用于更成熟的高速公路网络。对于不同类型的道路,道路管理中心需视实际情况,选择不同的显示形式,以便达到最佳的引导效果和道路利用率。VMS 的设计与实现如图 3-3 所示。

表 3-1　3 种不同显示方式对比

显示形式	优点	缺点	适用环境
图形形式	主要提供道路交通态势,容易辨认,不受不同文字的限制	反应时间长,对 VMS 的可视距离要求较高	具有一定规模的高速公路网络
文字形式	提供的引导信息明确,提高了驾驶员的服从率	受 VMS 空间的限制,显示的文字有限	高速路或城市车流量较大的快速路
图文混合形式	结合图形形式和文字形式二者的优势	反应时间长,版面设计较为复杂	高速路或者隧道公路

图 3-3　VMS 的设计与实现

(2)停车引导系统

停车引导系统专为停车问题而设计,采用定位技术、导航技术、通信技术、诱导工具等先进的智能技术和设备,为行车人员提供停车场信息,寻找最佳停车位置。停车诱导系统的实施,在解决停车困难、减轻路网压力等方面起到了有效的作用。

停车引导系统主要包括信息采集模块、信息传输模块、信息处理模块和信息管理与发布模块。

① 信息采集模块

信息采集是停车引导系统正常使用的前提。信息采集通常包括以下内容。

● 车辆信息,例如驾驶员情况、车辆情况等。

- 停车场信息，例如出入口位置、停车位数量、停车场内道路情况等。
- 停车场出入口信息，例如出入口排队情况、去往出入口的路线和所耗费的时间等。
- 车位信息，例如空余车位数量和分布、车位预约、车位推荐等。

将采集的数据通过信息传输模块上传到信息分析与处理模块，完成后续数据的分析和处理，最终反馈给驾驶员一个当前最优的停车方案，并指导驾驶员完成本次停车引导服务。

② 信息传输模块

信息传输模块负责提供其他各模块和后台处理之间的信号通道，可以准确、快速地完成各模块之间的数据信息传输。

停车场车辆密度高、设备数量多，传输光纤、电话线等有线技术难以满足其服务需求。当前，信息技术、定位技术、大数据技术、物联网技术等快速更新换代，短距离、低成本的无线通信技术迅速发展，为城市商圈停车场的设备更新提供了无限可能。信息的无线传输保证了人、车、场的良好连接，保证了终端之间的信息互联互通。同时，传感器节点获取分布广，能更好地实现实时信息交互，传输和存储数据效率可以得到大幅提升。

③ 信息处理模块

对于采集到的海量数据，第一步，需要对信息进行筛选与剔除，这对信息处理模块的鲁棒性提出了很高要求。第二步，收集的信息随着时间的累积，具有以小时为单位的时效性，这要求信息处理模块要甄别过期信息并自动清洗。另外，信息处理模块还需要更新客户预定功能、停车结算功能，这要求该模块能迅速计算并实时传输数据至车辆终端，为驾驶员停车提供即时的信息和辅助功能。

④ 信息管理与发布模块

信息管理与发布模块可实现车载端、停车场和终端之间的数据获取。该模块将处理后的信息，以通俗易懂的形式（例如文字、图像、导航语音等）传送给驾驶员，对驾驶员进行指挥服务，这是整个引导系统为客户服务的最后一个环节。此外，该模块还具备信息存储、信息共享和查询预订等客户个性化服务功能。

（3）广播系统

得益于调频 FM 广播较大的带宽，调频多工数据广播技术得以快速发展。调频多工数据广播通过频谱搬迁，将要传送的数据与处于超音的不同副载波调制形成附属通信授权（Subsidiary Communication Authorization，SCA）副信道，再与处于原有音频范围的主节目共同构成调制基带信号,最后基带信号对载波进行调制、发送。调频多工数据广播网络结构如图3-4所示。

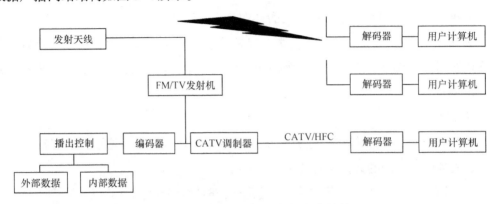

图3-4 调频多工数据广播网络结构

广播系统由以下系统组成。

• 终端广播数据采集系统。FM终端实时上传当前播放电源开关、路况数据、FM频道等,由该系统完成数据的解析,根据后台开通的服务定向传输加工后的数据,并同步存储。

• 广播数据分析系统。根据采集的实时FM播放数据,对频道、节目进行分类,以30秒为增量计算播放时长、平均时长、终端占比等指标,为进一步分析节目播放效果奠定基础。

• 收音机终端播放控制系统。对于实时终端在线,可以通过收音机终端播放控制系统远程控制对讲机切换到预定频率;对于人工关闭的终端,可以远程控制该系统自动启动并切换到预定频率进行播放。该系统可以处理和订购有关道路模式的加载信息,以实时提醒终端道路状态。

• 语音文本信息投放系统。通过编排、设定播放时间段、选择发送终端对象等多种控制方式,及时将文字信息投放到终端,利用语音文本信息播放系统完成播放路况、应急情况等多种通知信息,通过审核方式实现实时或定时下发信息。

• 路况报警响应监控系统。在地图中的复杂路口定点定时监控,由路况报警响应监控系统完成路况演算并推送信息,用人工或自动的方式进行堵车、缓行、正常提醒,由广播电台监控中心或系统自动下发信息。

• 地图监控综合运行分析系统。该系统通过电子地图完成终端运行分布、路况通知显示，配合路况广播频道及时完成行车路况播放。

3.2 数字道路的系统构成

雄安新区容东片区数字道路智能化项目总体架构如图3-5所示。该架构从"云""管""边""端"4个层面，实现了覆盖数字道路的数据采集、网络承接、传输、信息资源云化、数据中台、应用平台和展示中台7层数字道路架构。

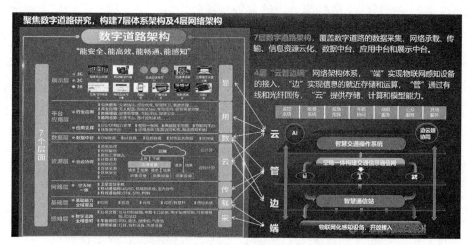

图3-5 雄安新区容东片区数字道路智能化项目总体架构

3.2.1 要素感知监测

1. 道路主体信息感知系统

（1）概述

截至2020年年底，全国公路总里程达519.8万千米，公路网密度达每百平方千米54.15千米，路网规模等级持续提升。目前，我国的道路交通承担了83.3%的客运总量、76.8%的货运总量。因此，确保路网运行安全、可靠、通畅是对国民经济和社会发展的保障。

公路是我国交通运输的重要通道，其道路主体的健康监测尤为重要。通过建设道路主体健康监测感知系统，采用物联网、人工智能、视频识别、大数据等先进技术感知道路的健康监测，包括桥梁、隧道、道路重点路段、边坡等各类道路设施服务性能及水量、温/湿度等道路交通环境，实现全天候实时健康监测，保障道路的正常运行，提高道路的运行效率与服务水平。

（2）系统构成

道路主体信息感知系统主要由前端感知系统、通信系统及配套设施构成。其中，前端感知系统主要包括道路健康智能监测感知设备与道路环境指标监测设备两个部分。道路主体信息感知系统主要通过采用移动式检测车及固定式检测器两种方法采集道路主体信息，实现对道路主体健康和道路环境指标的实时监测。道路文本信息感知系统可以对道路桥隧状态进行详细的分析，得出目前的状态，定位异常发生的地点，通过有线通信或无线通信的方式将道路受损信息及环境指标信息回传到信息中心，及时告知管理人员，从而有效应对异常情况，及时评估事件破坏威胁等级，实现对基础设施的长效评估及预测。同时，道路主体信息系统可以对道路、桥隧的结构状态、巡检周期、养护策略等进行分析预测，保障结构安全，辅助管理人员制订桥隧维护计划等。

（3）部署原则

本书主要对前端感知系统的部署原则进行简要介绍。

① 道路健康智能监测感知设备部署原则

通过对道路、桥梁、隧道目前所存在的问题进行需求分析，在重点、特殊部位及关键节点部署道路主体前端智能化感知设备，利用物联网、人工智能等技术，采集道路、桥隧的健康状态信息，实现重点部位的全天候实时监测。道路健康智能监测感知设备部署原则见表3-2。

表3-2 道路健康智能监测感知设备部署原则

序号	智能感知设备	监测对象	部署原则
1	路面检测车	路面裂纹	重载交通、大交通量、重点路段
2	路面检测车、高清摄像头	障碍物	重载交通、大交通量、重点路段
3	应变计	路基	高填方、特殊地质路段
4	北斗高精度定位、振动传感器、应变计、测斜仪、裂缝计	桥梁	桥梁重点、特殊部位、关键节点
5	北斗高精度定位、振动传感器、应变计、裂缝计	隧道	隧道重点部位与关键节点

② 道路环境指标监测设备部署原则

结合道路、桥隧的具体分布情况及具体需求情况部署智能感知设备，运用大数据、人工智能、5G等新一代信息通信技术，实现信息的实时采集与处理。其中，雨量计原则上设于路基区段，以及设有防护网的隧道口；若路基未设立防水层，布设间距按25km计算，否则，布设间距按30km计算；同时，根据沿线地形地貌情况、植被情况，合理增设雨量计。道路环境指标监测设备部署原则见表3-3。

表 3-3　道路环境指标监测设备部署原则

序号	智能感知设备	监测对象	部署原则
1	雨量计	降雨量	易发生积水、多雨天气长发性、有特殊要求等重点路段
2	电子水尺	水位	易发生积水、多雨天气长发性、有特殊要求等重点路段
3	温/湿度计	温/湿度	冬季易发生结冰、有特殊要求等重点路段

2. 道路道路气象环境监测系统设备部署原则

（1）概述

随着社会经济的发展，我国基础设施建设逐渐完善，而恶劣天气现象严重影响了道路行车安全，每年由此引起的交通事故、交通中断和交通延误事件频发，造成人员伤亡和财产损失，由气象条件引起的道路交通安全问题已成为交通管理者不得不重视的一个问题。道路气象站建设主要是为满足公路特殊路段对气象信息的需求，重点监测频发、威胁行车安全的恶劣天气条件和路面状况。

道路气象环境监测系统以能见度、路面状况监测指标为核心，同时能测量相关的基本气象参数，主要用于及时发现各路段及关键点的各种异常交通环境因素变化和气象状况，为交通气象服务提供可靠的监测数据，同时，也为气象服务和交通管理部门提供实时的科学决策依据。

（2）系统构成

道路交通气象环境监测系统主要由风向传感器、风速传感器、雨量计、温/湿度计、摄像头、LED显示屏、通信设备等构成，可针对不同的道路环境情况，实现特定功能的道路气象环境监测，例如单要素气象站、全要素气象站，以及根据需求情况配置高清摄像头、非接触式路面监测仪等。该系统主要通过气象站采集空气温/湿度、雨量、PM2.5值、风速、风向等多种参数，再将前端感知数据上传至云计算平台，进行数据处理与存储，实现智能远程管理及可视化的功能。道路气象环境监测系统的主要前端感知设备如下。

① 道路能见度监测仪

道路能见度监测仪由光发射器、光接收器及微处理控制器等主要部件组成，能为用户提供准确实时的能见度数据，可以有效避免因团雾、雾霾等引起能见度下降而带来的行车安全隐患。

② 非接触式路面状态监测仪

埋入式路面传感器会因路面条件不良而不能安装，非接触式路面状态监测仪可遥感安装，这意味着不需要封闭道路、不需要切割路面，安装工作既安全又方便。非接触式路面状态监测仪采用遥感技术，避免了对道路的破坏，可以远距离检测出道路表面结冰、积雪和积水的厚度。

③ 道路气象站

道路气象站是专为道路交通气象服务、全天候监测道路交通气象环境的系统。它可以提供温度、湿度、风向、风速、空气质量、紫外线强度等基本气象参数，主要用于及时发现各路段及关键点的各种异常交通环境因素变化和气象状况，为气象服务和交通管理部门提供实时的科学决策依据。

（3）部署原则

不同地区、不同路段的气象环境有所差异，其部署原则也不尽相同。针对不同的气象条件设置不同的设备，浓雾多发地区设置能见度监测设备，大风多发地区设置风速、风向监测设备，易积雪积水地区设置温/湿度、路面状态监测设备。道路气象环境监测系统可以根据道路周围的环境情况及特殊需求等进行部署，主要分为以下两个方面。

① 全要素交通气象站
- 在平原或微丘地区，每两个全要素交通气象站布设间距为20km～40km。
- 在山岭或重丘等地形复杂地区，每两个全要素交通气象站布设间距为10km～20km。

② 单要素交通气象站

• 能见度。在季节性浓雾多发路段，单要素交通气象站（能见度）布设最大间距宜为 5km。在团雾多发的山区路段，单要素交通气象站（能见度）布设最大间距宜为 3km。

• 路面状况。在冬季路面易结冰、易积雪的路段，单要素交通气象站（路面状况）布设最大间距宜为 5km。

• 风速。在易发生横风的大桥、山谷路段，单要素交通气象站（大风）布设最大间距宜为 1km。

3. 设备智能监测系统

（1）概述

随着智能交通市场的发展，各种新型智能设备纷纷出现。道路管理部门增添了许多智能交通设备，这些设备已经成为道路通畅运行、社会企业稳定生产的重要保证。但是这些设备不是在同一家供应商或同一时期采购的，设备的管理工作极其繁杂，给管理人员带来了极大的困扰。如何提高道路基础设备管理水平，提高道路运行效率，是从管理层到基层人员面临的严峻问题。提高设备运行效率，是道路基础设备自动化检测和道路运营部门提升服务水平的重点，而建立智能化、自动化的全方位远程设备监控及管理系统是对本行业模式的变革。

当前道路上部署的设备繁多，大多数情况下，通过巡查的方式对机电设备进行维护与检查浪费了大量的人力与物力，迫切需要一种方法解决目前存在的问题。智能化设备运行监测系统可以通过对通信系统、收费系统、门架系统、监控系统等机电系统进行全面智能监测（包括对设备供电状态、通信状态、防雷器状态、机箱开门状态、箱内温/湿度等的监测），实现运维数据一张图展示，并对系统运行健康、设备质量、维护效率等进行评估、分析，对维护过程、设备全生命周期进行自动化管理、考核管理，实时监测静态设施状况，及时诊断机电设施状态，达到减少人力、物力投放力度，控制保养和维修成本，提高设备运行效率，进一步提升道路安全性的目的。

（2）系统构成

设备智能监测系统主要是为收费系统、通信系统、监控系统、门架系统等机电系统关键设备或部件安装无线传感器，进而实现对其运行状态的长期监测。该系统将采集的数据上传至平台层，运用大数据分析、人工智能、物联网等技术，为每台设备制定个性化的状态检测和数据分析方法。设备智能化监测系统主要由前端感知系统、传输系统、大数据处理平台及信息应用平台等构成。

● 前端感知系统。前端感知系统主要通过无线传感器、视频系统实现车辆检测、信息引导及视频监测等功能，采集机电设备运行状态信息，为机电设备维护管理提供基础数据支撑。

● 传输系统。传输系统将前端感知系统采集到的数据通过通信网络上传至大数据处理平台，实现低时延的数据传输功能。

● 大数据处理平台。基于前端采集的数据，大数据处理平台运用人工智能算法对设备故障率、设备运行风险、设备故障趋势等情况进行分析，并对机电设备的维护和维修提出建议，为机电设备故障预测和分析提供支持。

● 信息应用平台。根据公路运维管理需求，信息应用平台进行智能分析评估，分配管理资源，针对机电设备损坏处及时安排人员进行维修，提高机电设备的运维管理水平。

（3）部署原则

宜通过运维管理平台实现对服务器、存储设备、网络设备、网络安全设备的关键运行指标的监测。宜通过巡检机器人实现高速公路隧道机电设施无人巡检。

3.2.2 交通管理控制

1. 信号控制系统

（1）概述

随着社会经济的快速发展，私家车的数量不断增加，大量人口涌入城市，导致城市交通压力增大，拥堵严重。信号控制系统是提升城市道路交通效率的重要工具，对交通流量干扰、增加带宽有明显影响。道路交叉口使用交通灯管理系统，为车辆和行人提供指示，尽可能地减少人车相互干扰，提高路口的通行能力，确保路口的畅通和安全。

为了提高人们的出行安全及让交通参与者有秩序地通行，有必要对道路交叉口及一些重点路段设置道路交通信号控制系统,以满足人们的日常生活需求,提高道路的通行效率与服务水平。

对于交通管理者而言,信号控制系统的建设是有必要的。采用先进的大数据处理计算、智能算法、物联网等新兴技术,对信号周期进行动态调节,实现干线、区域的绿波控制调节,能够极大地提高区域及整个城市的交通运行效率,减少交通事故的发生,最大限度地缓解交通拥堵,有利于加快建设绿色化、智能化的交通体系。

(2)系统构成

信号控制系统主要由机动车信号灯、非机动车信号灯、人行信号灯、信号控制机、天线及手持遥控器、交通管理综合箱构成。交通信号控制系统的核心是信号控制机,是整个信号控制系统的"大脑"。以城市道路交叉口为例,一般以路口为单位,进行部署信号控制系统,信号控制机安装在交通管理综合箱内,指挥整个系统的正常运行。

- 信号灯。信号灯主要由电源适配器、交通灯控制器、LED灯及附属设备构成。根据交通信号灯的分类,信号控制机有规律性地发出红、黄、绿3种颜色和不同图案的指示灯,指挥交通流。
- 信号控制机。信号控制机是控制交叉路口交通信号的重要设备,它是交通信号控制的重要组成部分,各种交通控制方案最终都要由信号机来实现。信号控制机主要由控制单元、灯相输出单元、闪烁单元、输出/输入接口、电源配置等部分组成。信号控制机可以根据不同的交通需求,配置不同的信号配时方案,接收行人与车辆优先控制信号,接收中心计算机下传的优化配时方案。
- 交通管理综合箱。交通管理综合箱一般由铝合金材质等组合焊接而成,机柜内、外表面及控制面板应光洁、平整,不应有凹痕、划伤、裂缝、变形等缺陷。其功能主要是防止信号控制机的内部结构受到外部条件的破坏。

(3)部署原则

信号控制系统部署应依据当地的道路分布情况,因地制宜,满足国家与地方规范的相关要求,合理规划与布设,能够实现点、线、面3个方面的联调控制,可以智能化地对信号配时进行优化,对干道、片区道路交叉口的信号灯配时进行绿波控制,以及可以通过已采集道路交叉口的流量、饱和流率、排队长度、车头时距等参数进行自动配时和信号优化,最大限度地缓解交通拥堵,提高道路的交通运行效率。

交通信号灯相位是交通信号灯控制的一个主要特征，即在信号相位的设置下，向不同方向的交通流按照次序分别传递交通控制信号（绿灯—黄灯—红灯）。交通信号控制系统应依据《中华人民共和国道路交通安全法》和 GB 14886—2016《道路交通信号灯设置与安装规范》的相关规定，结合道路实际情况对信号灯进行设置。信号控制系统的建设应充分结合各路口的需求、特点，做到适时、适量地提供交通信息，确保车辆、行人能够安全通行。

2. 电子警察系统

（1）概述

城市交通路口中的车辆违法行为对道路的畅通及行人安全均存在严重影响。如何规范驾驶员的驾驶行为，及时准确地取证查处违反交通规则的行为，是道路监控的关键。

目前，道路交叉口发生的车辆违法行为屡见不鲜，闯红灯、不系安全带、压线、违停等行为若没有及时取证并进行处罚，长期持续不利于交通管理部门的管控。在城市道路交叉口部署电子警察系统，可以对道路交叉口的各种违法行为进行取证。

考虑取证的合理性与规范性，电子警察系统应对机动车闯红灯行为记录、驾驶员面部特征记录、图片记录、信息记录、闯红灯捕获率、记录有效率、闯红灯自动记录系统、数据传输、号牌识别、录像、通过车辆图像记录、逆行记录、不按所需行进方向驶入导向车道记录、不按规定车道行驶记录、车流量记录等情况实现全天候监测。

（2）系统构成

电子警察系统由摄像头、补光灯、爆闪灯、信号灯检测器、终端主机、企业级硬盘、交换机、光纤收发器及其他配套设备组成。目前，电子警察系统采用视频监测或感应线圈的方式对违法车辆进行精确捕捉。感应线圈的维护和安装成本较高，也存在明显缺陷，而随着视频技术的发展，视频车辆检测将逐渐取代感应线圈的方式。

电子警察系统中的信号灯检测器与信号控制系统进行连接控制，得知信号控制系统的相位情况。在红灯的情况下，车辆通过停止线时，会触发视频车辆检测单元，此时，终端主机会控制摄像机对违法车辆进行抓拍与录像，将抓拍的照片与视频存储在硬盘上，通过光纤或无线通信等方式传输到交通管理中心。

（3）部署原则

电子警察系统可以广泛部署于城市道路的路口，成为利用科技手段对道路交叉口的各种违法行为进行有力监控和有效治理的依据。电子警察摄像头、补光灯、爆闪灯需要根据各自的相关特性、相关规范等内容进行部署。电子警察系统部署原则如下。

在道路交叉口布设电子警察系统时，应满足摄像头拍摄的清晰度及准确度，不同型号的摄像头覆盖的车道范围不同，根据产品的特性与实际交叉口的车道数量，每3条车道布设1对摄像头（前、后摄像头），每条车道布置1个补光灯与1个爆闪灯，补光灯与前置摄像头配对，用于夜间补光使用，爆闪灯与后置摄像头配对，可在夜间抓拍时补光使用。

根据电子警察系统各设备之间的特性及交通管理部门的需求，通常情况下，将电子警察系统杆件布设于路口的进口道停止线之前20m～25m处，实现对车辆违法行为的抓拍。

3. 交通引导系统

（1）概述

随着道路建设的网络化分布不断复杂化，全国道路通车里程的不断增加，交通信息的交流与共享变得越来越重要。先进的交通引导系统可以有效缓解交通拥堵，减少交通污染，促进低碳交通的发展，为动态调节道路网络交通流量、方便大众高效出行赋能。同时，交通引导系统前端LED引导屏通过接收系统发出的指令信息，发布动态的安全提醒信息、交通路况信息、天气信息、道路封闭和施工信息，以及一些突发路况信息，提示出行者目前道路上的各种信息，有助于出行者提前做好准备，减少交通事故的发生，提高道路的通行效率。

（2）系统构成

交通引导系统主要由交通引导信息发布系统、交通信息控制中心、通信系统3个部分组成。一般情况下，交通引导信息发布系统主要是通过LED交通引导屏实现城市道路交通引导信息发布。交通信息控制中心负责从交通网络中采集各种交通实时信息，并进行实时的数据处理。通过前端感知设备对道路交通流量、道路现状、车流速度等情况进行采集，形成交通信息数据库，同时，对交通事件、交通拥堵情况、占道施工情况等信息进行存储。通信系统负责交通信息控制中心与交通引导信息发布系统之间的信息传递。

交通引导系统通过交通信息控制中心所采集的各种交通信息，利用通信系统传输至交通引导信息发布系统，通过在路侧部署 LED 交通引导屏等前端设备进行信息发布，为驾驶员提供路径引导、事件引导、停车引导，均衡路网压力，有效改善大众交通出行环境。

（3）部署原则

① 分层分级引导原则

为了给驾驶员提供较为全面、完整的引导信息，同时避免引导标志信息量过载，按照由外到内、信息由概括到具体的原则，分级设置诱导标志，逐级告知驾驶员不同的引导信息，使驾驶员能按照引导的线路快速到达目的地。

② 动、静结合引导原则

为了更好地发挥引导标志的作用，针对路径引导采用动、静结合的原则。其中，动态引导标志主要结合不同路网、不同路径的实时路况，发布关联道路的交通状态信息、事件信息等，以更好地引导驾驶员选择合适（快速、畅通）的路径到达目的地，达到从客观上引导的目的。在进行具体的引导标志设置时，应根据实际的道路条件、引导级别、引导目的等，合理设置引导标志。

③ 针对性原则

可变信息情报板系统具有针对性的原则，一般将速度限制、组团入口、进城通道入口、长发性交通拥堵重点路段、隧道出入口、城市特大桥前后等作为重点部署位置。

4. 电子车牌系统

（1）概述

电子车牌是一种将日常车辆车牌和超高频无线射频标签技术相结合而形成的车辆电子身份证。电子车牌可突破原有交通信息采集技术的瓶颈，是 RFID 技术发展到一定程度的产物。电子车牌可通过对现有的交通数据采集技术进行分类、精确采集，精确把握交通控制系统的信息来源。在 RFID 技术中，每张卡都是一个全球唯一的、出厂固化的、不可更改的 ID，一车一卡，无法拆卸。因此，电子车牌的防伪效果是无可比拟的。它可以准确地识别出汽车的位置，并生成车辆的运动轨迹，从而有效地辅助城市道路管理，实现智慧交通。

电子车牌系统是公安机关车辆信息采集的基础信息载体，在车道上安装的读写装置能够实现车辆的全天候实时采集、定位，消除了交通管理的时空"盲点"，使交通管理的监测时段、监测区域得到了全方位的拓展，从而有效地提升交通管理的效率，真正实现数字化、智能化的交通管理，为智慧交通的建设提供重要的数据服务。

（2）系统构成

电子车牌系统主要由电子标识标签、天线、读写器、通信系统、服务器中心、系统应用软件等构成。电子车牌是将传统的物理车牌与 RFID 技术充分结合，其工作原理为当安装有电子车牌系统的车辆经过时，电子标签与读写器以无线的方式进行数据通信，读卡器会向电子车牌发出无线射频信号，同时接收返回来的无线射频信号，并读取车辆的属性信息。

（3）部署原则

参考国内相关资料与国家相关规范，考虑设备的特性及交通需求，电子车牌系统设置原则如下。

机动车电子车牌读写设备宜覆盖雄安新区全部 A 类交叉路口，含下沉式道路部分。十字路口安装 4 套汽车电子标识读写器，每条车道配置 1 个汽车电子标识天线，每 3 条车道布设 1 个读卡器。丁字路口安装 3 套汽车电子标识读写器，每条车道配置 1 个汽车电子标识天线。

机动车电子车牌系统的布设应结合路侧信号灯杆、电警杆、多功能信息杆等进行合杆部署，若无法进行合杆布设，应采用单独立杆的方式部署。机动车电子车牌系统宜安装在较高位置，一般为 5m～7m。

5. 卡口系统

（1）概述

随着交通管理问题日益复杂，各种违法违章行为层出不穷，车辆超速行驶、车辆滥用远光灯等行为是引发交通事故的重要因素，车辆违停、超速行驶、车辆乱鸣笛等行为也是普遍存在的交通问题。卡口设备可以有效地检测和记录路段上的各种交通违法行为，辅助交通管理部门的工作，从而降低交通事故的发生概率，对提高道路安全有着重要的意义。

传统的道路卡口系统一般基于地感线圈等方式进行检测，随着视频技术与大数据人工智能的发展，基于视频监测技术的卡口系统日趋成熟。目前，高清卡口系统主要对车辆进行智能监控，对所有经过的车辆进行全天候 24 小时不间断的检测，获取车辆的前部特征和全景图像。该系统可以自动识别车牌号及颜色，自动记录车型、行驶方向、车速、行驶时间等各项参数，对违法车辆进行自动采集存储，并存入计算机生成数据库，为当地交通管理部门的决策提供依据。

（2）系统构成

卡口系统主要由高清摄像头、雷达等前端感知系统，通信系统及系统管理中心组成。前端感知系统对经过道路卡口的车辆进行捕获，获取车辆的颜色、车牌、车型等数据。通信系统主要实现前端数据与系统管理中心的数据和图像传输功能。系统管理中心则是为了实现卡口设备的远程管理、可疑车辆的布控、网络的监控与抓拍、数据的处理等功能。

（3）部署原则

应在不同路段配套部署具有不同功能的卡口系统，例如，鸣笛检测卡口系统、测速卡口系统、违停检测卡口系统等。

① 鸣笛检测卡口系统部署原则

鸣笛检测卡口系统主要针对重点区域（例如学校、医院等）对车辆鸣笛行为进行监控，实时监测道路上的鸣笛行为，自动对违法行为车辆的数据进行智能化采集。一般情况下，在城市学校、医院、居住区等周围路段设置鸣笛检测卡口系统，一个方向配置 1 台声音定位探头（声呐）、每 2 条车道部署 1 个摄像头、1 台 LED 显示屏，同时，每条车道部署 1 台红外白光爆闪一体灯，用于夜间抓拍使用。根据节约性原则，考虑周边道路环境情况，采用与其他杆件进行合杆部署的方法。

② 测速卡口系统部署原则

测速卡口系统主要应用于城市进出交通要道、隧道、重点路段等区域，对车辆超速行为进行智能监测，实现交通的精细化管理。在隧道路段、普通城市路段上，单方向每 2 条车道部署 1 台雷达、1 个摄像头,每条车道布设 1 个补光灯,用于夜间抓拍使用。测速雷达、摄像头、补光灯均不单独设置杆体,结合周围道路条件与其他杆件合杆部署。

③违停检测卡口系统部署原则

违停检测卡口系统是指在城市中心、商业区、学校、医院门口等区域,对影响城市交通正常运行效率的行为所采取的交通管理手段。对违停车辆进行抓拍,采集车辆信息,实现交通的精细化管理。违停检测卡口系统根据道路实际情况,每 2 条车道布设 1 个摄像头,全天候对目标区域进行监测,实现对违停车辆的实时监测,对违法车辆数据进行智能化采集。

3.2.3 车路协同

1. 概述

物联网、车联网、云计算、移动互联网技术、车辆技术(电动化、智能化、网联化及共享化)、人工智能等新一代信息技术的进一步革新与应用,以及配套基础设施的改造升级,加速了车路协同的落地。

车路协同是通过车联网将"人、车、路、云"有机结合起来,为人们提供安全、舒适、智能、高效的服务,同时提升车辆的智能驾驶水平与安全性,提高道路的运行效率。车路协同需要在路侧部署雷达、摄像头等前端智能感知设备,将智能感知设备所采集的实时道路信息通过 RSU 与智能车辆实时通信,从而实现"车-车、车-路、车-人、车-云"之间的通信。此外,各种装备可以感知人车信息、行为信息、内部状态、外部环境等,使基础设施的信息源为边缘云及超算云中各个网控单元提供基础数据。车路协同通过这些信息可以实现对车路协同、车辆通行权管理、智慧城市等的全面支持,同时也可以面向设施的拥有者、管养者、使用者等,形成以设施为信息源的"设施对多目标"网联服务体系。因此,车路协同相关感知设备的布置是实现整体部署的前提。

2. 系统构成

车路协同系统涉及多方面、多领域、多层次的技术应用,基于车路协同的自动驾驶系统一般采用"中心、RSU、传感器、OBU"四层架构。车路协同以路侧 RSU 为基础载体，根据具体业务应用布设摄像头、雷达等传感器，采集车路信息，并上传至 RSU，车辆通过安装 OBU 设备，实现与 RSU 的通信，上传车辆身份、车辆状态等信息，并从 RSU 接收车路信息，例如其他车辆状态信息、道路状态信息、信控信息等，RSU 汇集传感器信息、车辆信息，生成上传给车路协同服务平台的信息及下发给各车辆的信息，车路协同服务平台根据 RSU 上传的信息，对区域内的交通进行控制，并通过 RSU 给车辆下发指令信息。

（1）车辆协同感知系统

车辆获取的信息包括车载传感器（例如激光雷达、毫米波雷达、视频、GPS/BD 等）的各种数据（例如车辆的位置、状态，周边目标的位置、速度），以及外部传感器（例如其他车辆的 GPS/BD、路侧设备微波雷达、信号机等）的数据（例如周边车辆的位置、速度、特征、状态，周边道路状态，路口信号灯状态等），这些数据差异较大，需要在车辆协同感知系统进行融合。

① 路侧感知系统

路侧感知系统是由安装在道路上的地磁、超声波、红外、RFID、信标、视频检测器和道路气象站及路面、路况检测器等组成。该系统又分为道路交通感知模块、道路气象感知模块和路面状况感知模块 3 个部分。

② 车载感知系统

车载感知系统由安装在车辆上的各种车辆运行参数传感器、车载摄像头和雷达、GPS 装置及车载微处理单元等组成。该系统又分为车辆感知模块、环境感知模块和 GPS 定位模块 3 个部分。

③ 多传感器信息融合系统

多传感器信息融合系统是车路协同感知系统的关键技术之一。多传感器信息融合系统是利用计算机技术对来自多个传感器或多源的观测信息进行分析、综合处理，从而得出决策和估计任务所需的信息的处理过程。信息融合的基本原理是充分利用传感器资源，通过对各种传感器及人工观测信息的合理支配与使用，将各种传感器在空间和时间上的互补与冗余信息依据某种优化准则或算法组合来产生对观测对象的一致性解释和描述。

车路协同感知系统需要处理大量的来自路网的各种车载感知信息和路侧感知信息，如果利用数据融合技术对其进行数据级融合、特征级融合及决策级融合，将有利于获得更多有效的信息。

（2）交通控制与引导系统

交通控制与引导系统由安装在道路沿线的信号控制装置、可变信息情报板和路旁广播等装置组成。该系统通过通信装置接收来自车路协同服务平台的交通控制信息，实现对道路上车辆的交通信号的实时控制，也可接收来自车路协同服务平台的交通引导信息，实现对特定路段或特定区域交通引导信息的发布。该系统的车辆对象主要是该路段或区域内的群体车辆，也可以是指定车辆。该系统的控制与信息发布主要依赖路侧各种信息发布装置，例如信号灯、交通引导屏等。

① 智能红绿灯预警/红绿灯车速引导系统

智能红绿灯预警/红绿灯车速引导系统基于车路协同技术，当车辆在接近交叉路口时，接收来自路侧单元的信号配时和交叉路口地理信息，通过计算车辆的行驶速度和加速度，结合信号配时和地理信息，判断该车在剩余绿灯时间内能否安全通过交叉路口，如果存在安全风险，车辆将接收到相应的告警，如果判定可以通过，则会给出建议车速。

② 特殊车辆信号优先系统

基于车路协同技术，当特殊车辆（救护车、消防车等）接近信号控制交叉路口时，车载单元向路口信号控制机发送特殊车辆的位置和当前的车速，由智能路侧单元计算出预计到达时间，信号控制机根据当前信号的状态，对相位进行红灯早断、绿灯时延等干预操作，保证特殊车辆顺利通过。

（3）车辆行驶安全信息服务系统

车辆行驶安全信息服务系统主要是对异常道路交通状况、单车异常运行状况、恶劣天气状况与路况异常状况等进行预警和实时报警，使交通异常所带来的损失降到最低。根据监测目标数目，该系统可以通过单屏、多窗、多屏等显示方式，分别对不同的目标、区域进行监控。当发现或预测到交通异常或交通危险隐患时，通过声光报警的方式发出报警信息，并锁定和显示预警对象，提醒工作人员对突发事件进行及时处置。

① 智能交叉路口预警

基于车车通信技术，两辆在不同道路行驶的车辆接近交叉路口时，该系统根据车辆速度、位置、行驶方向等信息，利用碰撞算法进行判断，如果存在碰撞风险，则向两辆车辆发出告警，提示避让。当车辆在交叉路口左转，与对向来车存在碰撞危险时，该系统基于无线通信技术对驾驶员发出预警，避免或减轻侧向碰撞，提高交叉路口通行安全。

② 智能人车冲突预警

该系统利用车路协同技术，通过红外视频、微波等检测器进行行人检测，利用深度学习技术对人车碰撞风险进行判断，在路侧设置显示屏和语音提示器，提醒行人注意通行安全，并通过车载设备提醒网联车辆注意行人。

在车辆行驶过程中，路侧感知单元将检测到的行人、非机动车位置与机动车的全球导航卫星系统（Global Navigation Satellite System，GNSS）信息发送至该系统并进行融合处理，该系统实时接收行人过街信息，再通过车路通信，把人行道及其周围环境的行人、非机动车的位置信息及行人过街信息发布给机动车，同时，也可以向行人、非机动车驾驶员的手机发布安全提示信息，防止交通事故的发生。

③ 行车超视距服务

该系统将道路前方路侧视频或前车车内视频传输给周边车辆，实现车辆超视距（例如 1km）接收前方道路交通信息。车辆行驶在道路上时，与前车存在一定距离，当前车紧急制动时，后车将通过无线通信技术收到这一信息，并通过车载终端对驾驶员发出预警。

④ 盲区预警/变道辅助

在车辆即将进行变道操作时（例如启动转向灯等），如果在其邻近车道上有同一方向的车辆出现在该车辆盲区，则通过切换报警来提示该车辆，以防止该车辆与邻近道路的车辆发生横向碰撞，确保变道安全。当车辆在高速公路上使用逆向车道超车时，如果车辆与逆行方向相反的车辆存在相撞风险，则应及时提醒驾驶员，帮助驾驶员在超车时避免或减少碰撞，从而提高逆向超车通行安全。

⑤ 道路施工预警

基于车路协同技术，当车辆接近施工区域时，智能路侧单元向特定范围内的车辆发送施工信息预警，提醒车辆注意施工区域及施工人员，适用于可视条件不好的环境。

⑥ 限速提醒

基于车路协同技术，智能路侧单元将结合天气、交通流量、施工、事故等信息动态调整限速信息或前方道路的弯道限速信息，并向周边广播，为车辆提供可变限速提醒。

3. 部署原则

目前，车路协同基础设施建设还处于起步阶段，交通运输产业对路侧设备密度的要求暂未形成规范，RSU、雷达的部署不以激进密集组网为原则，摄像头的部署以满足应用需求为原则。在设计时，应根据道路的特征，以满足线路的覆盖面为基础，进行规划。

前端感知通过布设雷达、摄像头等工具，实现对主要交通状态的感知，实现对200m以内车辆的信息进行全方位感知，并在关键路段和路口加密配置激光雷达，实现对车辆和行人的全方位感知。为保证与高精度地图、GNSS在位置信息和时间信息上的校准一致，需要设置差分定位基站。

车路协同智能化设备部署原则见表3-4。

表3-4 车路协同智能化设备部署原则

序号	智能化设备	覆盖宽度	设备部署间隔	部署原则
1	RSU	全向覆盖	400m	电警杆、照明灯杆等，合杆部署
2	毫米波雷达	双向8车道	200m	信号杆、照明灯杆等，合杆部署
3	激光雷达	270°以上	—	复杂路段或路口，合杆部署
4	摄像头	最多3车道	200m	信号杆、照明灯杆等，合杆部署
5	差分定位基站	覆盖半径为10km	—	项目范围中心
6	全要素气象站	—	每个间隔$5km^2$	路边绿化带

注：建议RSU、毫米波雷达、激光雷达及摄像头可根据杆体所在路段类型设置在5m～8m的高度范围。

3.3 数字道路的平台构成

3.3.1 数字底座

数字底座是"智慧大脑"的基础设施。它具备完善的全要素数据资源采集、传输、存储、计算、处理、使用、流通、赋能等环节的机制化运营流程及标准；具有原始数据、脱敏数据、模型化数据、业务化数据和人工智能化数据等不同数据开发层级的"治数""用数"手段，借助这些数据手段，它可以建立全业务数字道路模型。此外，数字道路基于"云网合一、云数联动"，以数字底座外网为基础，充分集成应用大数据、云计算等前沿技术，构建全路网逻辑统一、高性能、低成本、精益服务的数字云化架构，统筹全市路网计算、存储和安全防护等基础资源，简化云资源申请使用流程，丰富云服务内容，形成新的"网购式云服务超市"，为数据资源层、能力层、应用层提供基础设施、支撑软件、应用系统、信息资源、运行保障和信息安全等服务。

1. 全要素数据

数字道路的信息组成要素包括 4 个方面：道路基础数据、交通运行状态数据、道路气象环境数据、设备设施数据。

（1）道路基础数据

道路基础是指道路本体，道路基础数据主要包括路面动荷载、路面病害和路面异常等监测数据。

路面动荷载监测数据由标准路面动荷载监测设备收集，监测设备完成数据采集后，会将数据统一传输至数据中心，该设备主要布设在重载交通流量大的路段。

路面病害监测基于机器视觉技术，综合运用无人机、巡检车等监测装备实现"快检 + 精检"。监测设备完成数据采集后，会将收集的路面病害数据统一传输至数据中心。

路面异常监测数据包含边坡塌陷和路基沉降等数据。边坡塌陷监测数据主要由边坡塌陷监测设备收集，监测设备完成数据采集后，会将数据统一传输至数据中心。

该设备主要布设在路基挖方高边坡处和不良地质、特殊岩土地段的挖方边坡处。路基沉降监测数据主要由路基沉降监测设备收集，监测设备完成数据采集后，会将数据统一传输至数据中心。该设备主要布设在高填方路基和特殊地基。

（2）交通运行状态数据

交通运行状态数据主要包括道路交通运行状态监测数据、交通事件监测数据和车辆运行状态监测数据。道路交通运行状态监测数据应包含交通流量、平均车速、基于浮动车/手机信令采集的速度信息、行程时间、车道占有率、车辆排队长度、车辆密度、车辆身份等。交通事件监测数据主要包括交通拥堵状况、异常停车事件、车辆逆行事件、火灾情况、违法变道情况、路面污染情况等。车辆运行状态监测数据包括实时定位信息、车辆特征信息、行驶轨迹信息、运行状态信息等。

道路交通运行状态监测、交通事件监测主要通过布设在重点路段及普通路段两侧的摄像头、雷达、物联传感器、微波检测器等感知设备，实现对全路段的监测，并对监测数据进行 AI 分析，实时掌握交通情况。

车辆运行状态监测依靠在特殊道路路段、隧道出入口、易发生重特大突发事件路段、恶劣气象条件频发路段等设置 RSU 和车牌识别监测设备，从而获取交通信息。

（3）道路气象环境数据

道路气象环境数据包括能见度、风速、风向、温/湿度、路面环境状态（结冰、积水、积雪等）、沿线气象监测数据、交通管理等部门/第三方气象信息服务平台共享数据等。

交通管理部门可在路段、服务区部署全要素交通气象站、能见度监测器、路面状况监测器等气象环境监测与路面传感器感知设备，对道路气象环境信息进行感知，结合路网其他前端感知数据，构建交通气象环境感知体系，实时监测分析道路气象环境和路面状况。

（4）设备设施数据

设备设施数据包含但不限于供电状态、通信状态、工作状态、防雷器状态、机箱环境状态等。可基于物联网、机器视觉等技术监测设备设施状态，全方位地采集各设备设施的数据。

2. 全业务模型

（1）交通预测模型

数字道路可基于城市道路交通全量数据融合分析、交通全要素动态精准感知，多维度实时监测城市路网、基础设施、重点场所、交通枢纽的运行态势，量化分析交通运行变化趋势，实现对交通安全风险的智能研判预警，对突发或异常预测预警事件的分析和高效协同处置，实现特殊事件特殊处理、特殊车辆精准管控，实现交通运行一图全面感知、一键全局掌控。交通预测模型如图 3-6 所示。

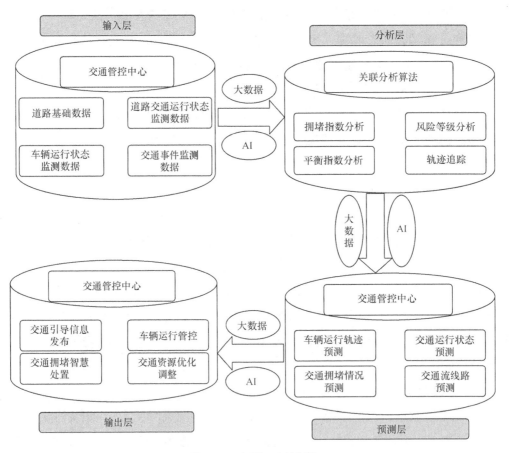

图 3-6　交通预测模型

（2）事故分析模型

数字道路可基于底端信息感知设备设施及车载终端，精准定位车辆位置，还原车辆轨迹，重构车辆运行轨迹。在交通管控中心数据库输入城市实时路况及车辆轨迹数据等，建立仿真模拟场景，可实现事件场景的精准还原。通过大数据和 AI 技术分析交通事件成因，实现事前—事中—事后的精准闭环安全监管。事故分析模型如图 3-7 所示。

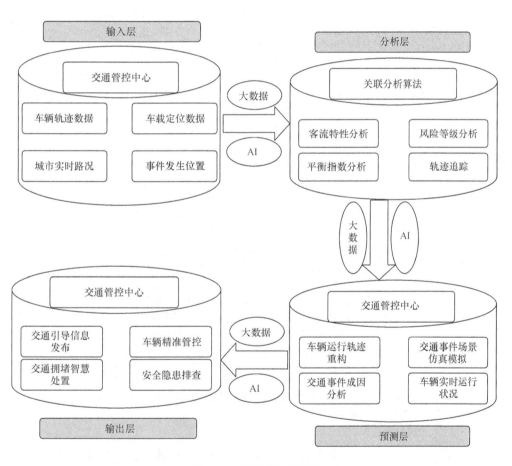

图 3-7　事故分析模型

（3）拥堵溯源模型

数字道路交通管控中心数据库拥有完整的道路基础数据、车辆运行状态监测数据、拥堵路段路况分布数据及交通事件监测数据，通过关联分析层中的拥堵指数分析、风险等级分析、平衡指数分析、轨迹追踪，可成功完成拥堵事件溯源分析，实现精准管控。拥堵溯源模型如图 3-8 所示。

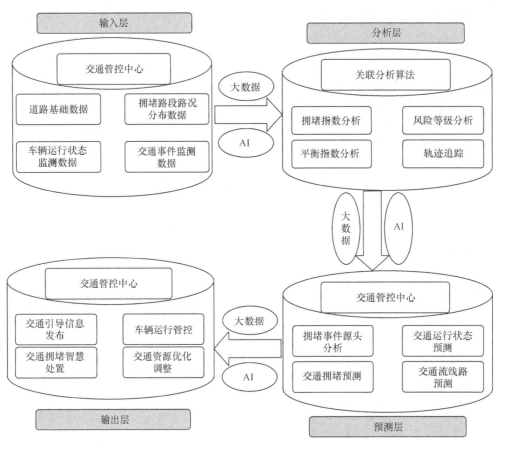

图 3-8　拥堵溯源模型

（4）安全评价模型

数字道路交通管控中心数据库通过关联分析层中的算法、模型等，可成功完成道路交通流服务水平评价、交通运行状态预测、道路基础设施状态评价、道路交通安全风险等级评价，实现特殊事件精准防控。安全评价模型如图 3-9 所示。

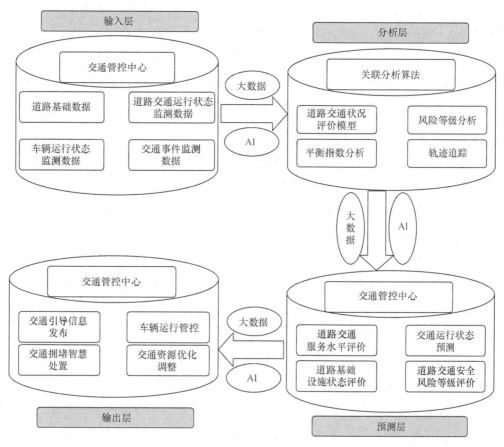

图 3-9　安全评价模型

3. 全流程采集标准

（1）建管养数据采集标准

在道路建设环节要求向运营单位交付的数字化成果主要包括项目完整的 BIM、建设环节的文档和非几何信息，以支撑数字道路资产设施全生命周期管理。BIM 应符合以下要求。

- 应覆盖路段两侧 300m 的宽度范围，其中地表模型精度应不低于 1∶2000，可标识出主要路网、城镇、矿产、文物、景区、环境敏感点等信息。

- 应包含沿线路基路面、边坡、桥梁、涵洞、隧道、互通立交桥等构造物，以及服务区、养护工区等设施，标识结构类型及各部件的具体尺寸。
- 应包含排水管道、通信管线、供电管线等隐蔽工程设施。
- 精细度等级应不低于 JTG/T 2422—2021《公路工程施工信息模型应用标准》规定的 L5 级相关要求。
- 应具有轻量化处理与移交的能力。

建设环节的文档和非几何信息宜包括但不限于施工进度信息、质量管理信息、安全管理信息及施工期检测、监测数据等。

建设环节配置的结构健康监测传感器和信息系统应向运营单位传递交付，宜整合接入运营期的智慧高速系统。

养护环节应向运营单位交付的数字化成果主要是基础设施结构养护数据等。养护过程中的养护施工作业位置、占道情况及养护施工区域施工监控等信息应实时上传至智慧高速系统。养护作业宜通过北斗卫星导航系统高精度定位、电子围栏、智慧养护设施等自动上传施工区域信息。

建管养设备设施主要通过软硬件一体化实现路侧本地的数据计算、存储、转发，以及应用服务策略生成和下发，主要包括但不限于本地控制、数据处理、信息交互等功能。本地控制功能应支持设备软件自启动、业务部署、软件应用服务更新，以及调用和存储地图数据。数据处理功能应具备数据接口，统一标准接收多源数据，实现感知数据的汇集、融合、分析和转发。信息交互功能应支持与云平台、RSU、VMS 等设备的通信及远程交互。

① 数据采集与传输标准

- 数据采集的硬件选型、软件预处理和数据传输软硬件设计与选型应保证及时获得数据；采集及传输硬件设备的耐久性和技术指标应符合国家相关规范、标准的要求。
- 数据采集制度的设计应包括数据采集模式、触发阈值、频次和采样频率的设定。
- 数据传输硬件应能保证安全监测设施各部分之间的物理连接，提供 2 倍以上的传输宽带并留有冗余。
- 数据传输软件应能保证监测数据在各节点和相应的通信协议之间无障碍传输。
- 数据采集和传输设施应满足在无人值守的情况下连续运行，满足长期稳定工作的要求。

② 数据存储与处理设施标准

- 数据库存储采集设施收集到的实时数据和历史数据,供数据处理系统进行处理,供评估系统进行分析,并保存处理及分析结果以便查询。
- 数据库系统的建设应遵循可靠性、先进性、开放性、可扩展性、标准性和经济性的原则,并应保持数据的共享性、数据结构的整体性、数据的安全性、数据库系统与应用系统的一致性。
- 数据管理应具备标准化读取、存储接口,应能保证监测数据的安全、结构化、共享性及对应用软件的便携友好支持。
- 数据处理应能纠正或剔除异常数据,提高数据质量。
- 运营单位宜考虑设计系统自动监控功能,对系统是否正常运行进行自动监控,系统异常时应能及时报警。

(2)视频数据采集标准

① 视频监测设施标准

视频监测设施主要用于对道路沿线的交通运行状况、道路基础设施状况、气象状况等进行实时图像监测;对交通异常事件(包括交通拥堵、交通阻断、交通事故、隧道火灾等)和车辆特征进行实时图像监测,进而掌握实时路况,更好地为管养数据服务。

- 各省(自治区、直辖市)边界、各地级市城市出入口应设置视频监测设施。
- 应在特大桥桥梁两端或桥上设置视频监测设施,覆盖全桥面。
- 隧道的进出口应设置视频监测设施,长隧道(长度>1000m)内部,应按照120m~150m的间距设置视频监测设施。
- 在易发生洪水、滑坡、塌方、落石等自然灾害或地质灾害的路段和桥梁,易发生积水的低洼路段或下穿公路、铁路的低洼路段,应设置视频监测设施。
- 在恶劣气象频发、易拥堵、易发生重特大公路突发事件的国省干线公路,宜设置视频监测设施。
- 在与高速公路连接路段,以及通往4A级及以上景区且交通量较大的重要旅游公路,应设置视频监测设施。
- 在易发生非法占路、损坏公路基础设施等事件或穿越牧区的路段,宜设置视频监测设施。
- 在交通量较大的国省干线公路(机动车当量数≥20000pcu/d)的交叉节点处,

宜设置视频监测设施。

- 在国省干线公路服务区、停车区，宜根据监测范围在出入口设置视频监测设施。

② 高清监控视频采集标准

- 400万星光级 1/1.8″CMOS 传感器。
- 支持4种智能资源切换：人脸抓拍、混合目标检测、道路监控、Smart事件。
- 最低照度：彩色——0.0005Lux@（F1.5，AGC ON）；黑白——0.0001Lux@（F1.5，AGC ON）；0 Lux with IR。
- 视频压缩：H.265/H.264/MJPEG。
- 红外照射距离：200m。
- 支持120dB超宽动态、光学透雾、强光抑制、电子防抖、SmartIR。
- 网络接口：RJ45网口，自适应10Mbit/s或100Mbit/s网络数据。
- 音频输入/输出：1路音频输入，1路音频输出。
- 报警输入/输出：7路报警输入，2路报警输出。
- 存储功能：内置MicroSD卡插槽，支持Micro SD/Micro；SDHC/Micro SDXC卡本地存储。
- 工作温度和湿度：温度在40℃～70℃；湿度＜90%。
- 防水等级：IP67。

（3）雷达数据采集标准

雷达宜设置在易拥堵及事故多发路段、特大桥、特长隧道，其中易拥堵及事故多发路段可采用短距雷达，布设间距为150m～300m，特大桥、特长隧道可采用长距雷达，布设间距为800m～1000m。

① 单向雷达事件检测器技术参数

- 微波检测器采用二维主动扫描式雷达微波检测技术，微波信号沿发射方向可靠地检测道路上每条车道的目标。

检测器可对正前方距其300m处的机动车进行检测。

- 检测器可对8条车道（含正向车道和反向车道）范围内的不少于256个交通目标进行检测，并可对交通目标进行轨迹跟踪监测及在线仿真。
- 检测器可通过上位机软件输出检测器检测到的交通目标ID、二维坐标（P_x，P_y）、纵向/横向速度（V_x，V_y）、所在车道、车辆长度等信息，具备图形化操作界面。

- 检测器可通过软件在每条车道上设置 5 个检测断面（含正向车道和反向车道），根据要求设置各线圈的位置、长度、宽度，并输出线圈压占状态。
- 检测器支持输出 / 显示每个断面的车流量、平均速度、时间占有率、车头时距等信息。
- 检测器可通过软件设置数据统计周期，设置时间范围为 1s～3600s。
- 检测器可通过软件按车道或检测断面对交通信息进行检测统计，包括车流量、平均速度、时间占有率、车头时距、车身时距、85% 位速度。
- 检测器支持静态和动态排队长度检测功能。
- 检测器可对交通异常事件进行检测，包括异常停车、逆行、变道、超高速、超低速、未保持安全车距、排队超限、排队溢出、缓行、拥堵等，并可输出报警信息。
- 检测精度：交通流量检测精度≥95%，平均车速的检测精度≥95%。
- 接口：RJ45。
- 检测器可在全气候环境下稳定工作，包括雨、雾、雪、大风、冰、灰尘等。
- 检测器具有电压过载保护、浪涌保护、设备防雷屏蔽功能。
- 安装高度为 5m～8m，可利用路灯或监控杆件等。
- 温度：-40℃～85℃。湿度：0～95%。撞击承受度：100g/rms。振动承受度：14g/rms。
- 电源：24V DC。功率：9W。过压和防雷保护。
- 设备支持存储，达到 IP67 防水等级。
- 平均故障间隔时间（Mean Time Between Failures，MTBF）>10 年，"7×24" 小时连续不间断工作。

② 双向雷达事件检测器技术参数

- 微波检测器采用二维主动扫描式雷达微波检测技术，微波信号能在不同的发射方向上准确地探测出道路上每条车道的目标。
- 检测器可对正前方距其 600m 处的机动车进行检测。
- 检测器可对 8 条车道（含正向车道和反向车道）范围内的不少于 512 个交通目标进行检测，并可对交通目标进行轨迹跟踪监测及在线仿真。
- 检测器可通过上位机软件输出检测器检测到的交通目标 ID、二维坐标（P_x，P_y）、纵向 / 横向速度（V_x，V_y）、所在车道、车辆长度等信息，具备图形化操作界面。

- 检测器可通过软件在每个车道上设置10个检测断面（含正向车道和反向车道），根据要求设置各线圈的位置、长度、宽度，并输出线圈压占状态。
- 检测器支持输出/显示每个断面的车流量、平均速度、时间占有率、车头时距等信息。
- 检测器可通过软件设置数据统计周期，设置时间范围为 1s～3600s。
- 检测器可通过软件按车道或检测断面对交通信息进行检测统计，包括车流量、平均速度、时间占有率、车头时距、车身时距、85%位速度。
- 检测器支持静态和动态排队长度检测功能。
- 检测器可对交通异常事件进行检测，包括未保持安全车距、逆行、异常停车、变道、排队超限、排队溢出、超高速、超低速、缓行、拥堵等，并可输出报警信息。
- 检测精度：交通流量检测精度 $\geq$ 95%，平均车速的检测精度 $\geq$ 95%。
- 接口：RJ45。
- 检测器可在全气候环境下稳定工作，包括雨、雾、雪、大风、冰、灰尘等。
- 检测器具有电压过载保护、浪涌保护、设备防雷屏蔽功能。
- 安装高度 5m～8m，可利用路灯或监控杆件等。
- 温度：$-40℃～85℃$。湿度：$0～95\%$。撞机承受度：100g/rms。振动承受度：4g/rms。
- 电源：24V DC。功率：9W。过压和防雷保护。
- 设备支持存储，达到 IP67 防水等级。
- MTBF $\geq$ 10 年，"7×24"小时连续不间断工作。

3.3.2 能力中台

1. 大数据能力

大数据能力是指大数据平台对收费数据、路况数据、手机信令数据、ETC门架数据、"两客一危"数据等进行全范围、全周期、全要素覆盖采集，再经过实时融合处理，优势互补，得到精度、覆盖率、实时性最优的数据结果，并及时共享给各路桥公司或运营管理系统。

大数据分析引擎是对大量数据存储、大数据计算资源管理、分析处理、数据安全、实时及批量数据处理、分布式查询搜索等一系列大数据组件的统称。随着信息化技术的发展，每时每刻都在产生大量的数据，企事业单位与政府日益重视高效的数据分析。目前，大数据分析引擎已形成成熟的大数据分析开源体系。最具代表性的是 Hadoop 生态圈，已形成 Hadoop HDFS、Hadoop MapReduce、HBase、Hive、Spark、Flink 等面向各种大数据分析场景的组件。

大数据技术主要应用在与交通运行相关的监测设备、应用数据和交通服务上，例如，客运站点监控视频数据、不同路段交通流量、收费情况、城市公交卡的使用及定位数据、城市出租车的载客情况和实时的位置变动等。由于交通领域的数据量大、种类繁多、更新速度快，大数据技术将为城市交通领域的数据进行定量、实时、准确的分析。

2. AI 能力

能力中台是指将深度学习、计算机视觉、自然语言理解、知识图谱等人工智能技术模块化、组件化、可插拔化，并将其应用于中台，通过集约硬件的计算、算法训练、模型部署、基础业务展现等技术，将中台的数据资源紧密整合，封装成一个完整的中台系统。能力中台是一种集约化、全栈式、自动化的生产力工具箱，它是人工智能技术在各个产业中快速研发、共享复用、部署和管理的重要基础设施和智能底座。

随着业务发展的需求，能力中台的 AI 能力可以不断完善。现阶段能力中台的主要功能如下。

（1）人脸识别

人脸识别服务提供戴口罩识别、人脸属性识别、人脸检测定位、人脸比对、人脸活体检测、人脸考勤等功能。人脸识别可针对图片或视频进行分析，可应用于认证、安防考勤、人脸搜索等各种场景。

- 戴口罩识别：人脸识别服务可准确高效地识别图像中的人脸是否正确佩戴口罩，支持多种类型口罩识别，可对图片中的多张戴口罩人脸实时检测。
- 人脸属性识别：人脸识别服务可准确识别多种人脸属性信息，支持人脸多个属性实时高效检测，可用于视频结构化、安防监控等业务场景。
- 人脸检测定位：人脸识别服务可对自然场景下的人脸进行快速检测，返回检测到的人脸区域坐标，支持多个关键点检测，可实时检测多张人脸。
- 人脸比对：人脸识别服务可对检测到的人脸进行高维度的特征抽取，计算相似度并根据设定阈值判断是否为同一个人。可进行 1∶1 和 1∶N 的高精度人脸匹配，应用于人脸检索等业务场景。

- 人脸活体检测：人脸识别服务可基于深度学习技术，分析人脸图像的摩尔纹、成像畸形等信息，实现静默活体判断，有效防止照片等非活体攻击。
- 人脸考勤：人脸识别服务可在近场情况下识别人脸特征，与事先采集的人脸图像进行比对，结合上班时间进行人员考勤。

（2）安全生产

- 人脸认证：能力中台可分析视频流中是否包含抬头、低头、左转头、右转头、摇头、眨眼和张嘴 7 种人脸动作，对动作过程进行判断，有效防止照片、纸张及头模等非活体攻击。
- 安全帽正确佩戴识别：能力中台可对图片中的人员进行安全帽检测，返回人员佩戴安全帽的颜色分类和位置坐标信息，解决无人监工场景下的安全穿戴问题。
- 工作服识别：能力中台可检测人员工作服的穿戴情况，返回有效的工作服颜色分类和坐标信息，解决无人监工场景下的安全穿戴问题。
- 电子围栏：能力中台可针对预设置的监测区域，检测是否有人违规进入，返回禁入区域内的行人坐标信息。
- 摔倒识别：基于图像识别技术，能力中台可从图片或视频中自动识别人员的摔倒动作，提高监管效率，保障生命安全。
- 打架识别：基于图像识别技术，能力中台可识别图像或视频中各种场景下人员的打架暴力行为，提升治安管理效率，维护社会稳定。
- 吸烟检测：基于图像识别技术，能力中台可从图片或视频中自动识别人员的吸烟行为，保障生产安全。

（3）车辆识别

能力中台可检测图像中的车辆位置，并识别车辆类型和颜色，一般可以用于禁止特定类型的车辆出入或识别违章行驶。

- 车牌识别：能力中台可通过车牌提取、特征提取、图像预处理、车牌字符识别等技术，对车辆牌号、颜色等信息进行识别。
- 车辆识别：基于图像识别技术，能力中台可从图片或视频中提取车辆信息，分析车辆类型（大客车、货车、小客车、SUV 等）、车辆颜色、车辆品牌、车型等信息。

(4) 印刷文字识别

多场景、多颜色的 OCR[1] 文字检测和识别，要求识别准确率高，识别速度快，最终返回检测到的文字内容及文本行坐标信息。

- 通用型 OCR：适用于多场景、多颜色的 OCR 文字检测和识别服务，识别准确率高，识别速度快，最终返回检测到的文字内容及文本行坐标信息。
- 电子发票识别：对电子发票的发票代码、发票号码等关键字段进行结构化识别。
- 全国统一社会信用代码登记证书识别：对全国统一社会信用代码登记证书中的代码、机构名称、机构地址、颁证日期、有效期限等关键字段进行结构化识别。
- 全国组织机构代码证识别：对全国组织机构代码证的代码、机构名称、机构类型、地址、有效期、颁发单位、登记号、法定代表人等关键字段进行结构化识别。
- 事业单位法人证书识别：识别事业单位法人证书图片的内容，并结构化输出全国统一社会信用代码、名称、地址等字段。
- 营业执照识别：识别营业执照的内容，并结构化输出全国统一社会信用代码、名称、地址等字段。
- 护照识别：识别护照的内容，并结构化输出姓名、性别、护照号码等字段。
- 身份证识别：识别正反面身份证的内容，并结构化输出姓名、性别、民族、出生日期、住址、身份号码、签发机关、有效期限 8 个字段，同时支持返回头像位置及 Base64 编码。

(5) 自然语言处理

自然语言处理能力旨在利用 AI 技术解决基于自然语言的各类问题，以达到智能理解或者处理人类自然语言的目的。该能力包括智能工单推荐、文本纠错、文本情感分析、智能文本分类、命名实体识别、多语言分词等，可根据业务需求选择对应的自然语言处理能力。

- 智能工单推荐：输入一段文本，输出与被查询文本相似的内容，结果按照与被查询文本的相似度从高到低进行排列。
- 文本纠错：针对一段文本，自动识别并纠正语句中的语法或字词错误，包括形似字、音似字、漏字等错误。

---

[1] OCR（Optical Character Recognition，光学字符识别）。

- 文本情感分析：对带有情感色彩的主观性文本进行推理与分析，自动进行文本情感倾向性判断，输出该文本的情感极性（情感极性分为积极、消极）。
- 智能文本分类：对文本内容进行深度分析，将其映射至所属的具体类目，识别文本中的关键词并给出其所属类别。
- 命名实体识别：针对一段中文文本，提取其中的命名实体，包括人名、地名、组织机构名称和时间。
- 多语言分词：将连续的简体中文、繁体中文及日文的自然语言文本，切分成具有语义合理性和完整性的词汇序列。

（6）内容审核

内容审核能力基于机器学习和深度学习技术，结合大规模和多主题的训练数据，针对目前常见的文本、图片等多种形式的数据，快速、准确地识别文本和图片中存在的违规信息，包括图片涉黄审核、图片涉暴涉恐审核、文本涉黄审核、文本涉政审核、视频涉暴涉恐审核等多方面的审核能力，有效保障系统中存储和传输数据的合规性。

- 图片涉黄审核：针对单张或者多张图片，基于大量数据集训练的深度学习技术，自动识别出图片中是否存在色情信息。
- 图片涉暴涉恐审核：针对单张或者多张图片，基于大量数据集训练的深度学习技术，自动识别出图片中是否存在暴力、恐怖信息。
- 文本涉黄审核：针对一段文本或者多段文本，基于大量语料训练的机器学习技术，自动识别出文本中是否存在色情信息。
- 文本涉政审核：针对一段文本或者多段文本，基于大量语料训练的机器学习技术，自动识别出文本中是否存在涉政敏感信息。
- 视频涉暴涉恐审核：对网络流量用户生成的视频内容中的涉暴涉恐敏感内容进行智能审核，降低业务违规风险。

（7）图像检索

图像检索是利用深度学习技术检测并提取视频中行人及车辆等物体特征，建立视频中行人及车辆等的特征搜索空间，最终以图像特征检索视频中的目标物体，实现人流及车流等的统计。

- 人员跟踪：在不同摄像头监控或视频中，通过人体特征跟踪相关人员。
- 车辆跟踪：在不同摄像头监控或视频中，通过车辆特征跟踪相关车辆。

- 人流统计：通过检测图像或视频中的人体特征进行人流量统计。
- 车流统计：通过检测图像或视频中的车辆特征进行车流量统计。

3. 地图与导航能力

数字地图作为数据资源的重要汇集地，可以有效融合人、车、路、物等多源动态/静态数据，为公众出行和物流运输提供基础能力支撑。能力中台拥有导航地图甲级测绘资质和互联网地图服务甲级资质，高精度地图服务定位精度可达厘米级。数字地图通过对实时感知数据、地图数据、互联网数据等多源动态/静态大数据的高效融合，提供人、车、路、地、物一体化的时空服务。同时，基于交通地图，数字地图还形成了交通实时态势感知、历史变化溯源、时空模拟推演的全流程解决方案，有效解决了交通行业在规划、建设、管理、运营等方面对空间位置服务的需求。

数字地图实现数字道路路线内空间要素、路线周边空间要素的管理，并提供地图数据服务。数字地图由静态数据、静态数据图层和动态数据图层构成。

数字地图静态数据应覆盖高速公路资产及路网各要素，主要包含基础地理信息、道路和道路设施属性信息、车道数据，按精度可分为普通地图数据和高精度地图数据。

- 基础地理信息主要包含行政区、山、河、湖等各类基础信息，可接入周边医院、消防救援队、收费站、气象站、相关联道路等项目区域以外的关联数据，支撑应急救援等智慧应用。
- 道路和道路设施属性信息包括道路线、道路方向、道路等级、收费站、服务区、交通标志等要素，以及道路与互联网导航地图的关联数据。高精度地图数据还应包括道路中心线、路面标线、道路边线等要素。
- 车道数据包括车道属性数据（例如车道类型、车道通行状态、车道方向、车道编号、车道线属性信息、车道几何线型、车道限制等），以及车道与道路的关联数据。高精度地图数据还应包括道路面、匝道面、收费站、服务区等各类信息。

数字地图具备空间数据管理、地图服务分发、空间分析等功能。空间数据管理功能包括路线要素坐标管理、属性数据管理及维护。地图服务分发功能包括地图服务符号化、空间分析服务构建及分发。空间分析功能具备经纬度与桩号数据转换等功能。数字地图可满足应用响应时间和数据精度等性能要求。数字地图静态数据查询响应时间不宜大于1s，数字地图静态数据宜采取动态增量更新模式。高精度地图数据精度应为厘米级,其中线状地物的线上点间距不宜超过 50m,且线形应保持平滑。道路路侧应部署高精度定位系统,为用户提供稳定、可靠的厘米级定位服务。结合高精度地图数据,能力中台能够准确识别车辆所在的车道。

4. 数字孪生能力

能力中台能有效统计全息道路的实时车流数据、非机动车入侵机动车道等交通信息,数据可以精准到每辆车的移动轨迹及行进方向,实现车辆车流特征化、道路数字化,利用数字化方式创建虚拟实体,实现数字孪生。与传统视频监控相比,数字孪生在立体多维的情况下呈现不受光线条件和物理感官盲区的影响,可直观地呈现交通状态和设备运行的状态,便于日常维护,发生故障时可探测到视觉盲区内的故障节点位置、地下深度等。

数字孪生技术是以真实的数据为基础,与物理世界建立底层关联,将物理世界动态实时地映射到虚拟世界中,并根据现实中的交通状况和行为对未来进行预测。随着通信、传感、人工智能等技术的发展,数字孪生技术将为未来的智能运输提供更多的支持。数字孪生技术运用于道路交通,既可以实现实体的虚拟映射,又可以通过各种传感器、网络通信技术,对道路基础设施进行生命周期的动态监测,对路面上的交通参与者进行准确还原,根据车辆的行驶行为对可能发生的交通事件进行判断和预测,根据路况分析道路交通通行状况,为道路通行诊断和交通管理决策提供精确依据。

3.3.3 应用平台

1. 基本应用平台

(1)交通态势感知与监测平台

交通态势感知与监测平台能够运用路侧设备或移动设备对交通流、交通事件和车辆行为进行感知和监测。

交通参数监测的主要指标包含速度、交通量、车辆类型、车辆长度、占有率等,能够支持按车道统计交通参数信息。参数的监测精度应达到以下要求。

- 断面交通量监测精度 ≥ 95%。
- 平均速度监测精度 > 95%。
- 时间/空间占有率监测精度 > 90%。

- 车辆类型监测精度≥90%。
- 车辆长度监测精度≥90%。

交通参数监测设备宜在交通流量大、事故发生率高的重要路段，以及互通式立体交叉路段、枢纽、服务区和停车区等关键节点加密布设。

交通事件监测设备应在匝道、隧道等重点路段布设，监测内容包括但不限于交通拥堵、异常停车、违法变道、车辆逆行、路面遗撒等。

交通事件监测宜支持边缘计算及人工智能等技术，提升交通事件监测能力，能够自动进行事件监测并输出监测结论，具备报警信息提示功能，能够自动录像，可自动捕捉并存储交通事件发生过程的图像。

事件监测准确率≥90%，漏报率≤5%，当平台服务于车路协同与自动驾驶时，事件监测宜定位至单个车道，监测时延＜1s。

车辆运行监测的主要指标包含车辆身份信息、运行状态信息、实时定位信息、行驶轨迹信息等。通过人工智能、图像识别、北斗卫星导航系统和基于ETC门架及路侧RSU的专用短程通信等技术可实现车辆运行监测。对于特殊车辆、公路巡检车辆、清扫车辆等，宜实现连续的行驶轨迹监测。

（2）车道级管控与信息服务平台

① 一般规定

车道级管控与信息服务平台可根据交通流量及管控需求，实现含应急车道在内的单个或多个车道开启/关闭功能、车道车型允许/限制及分车道可变限速功能，其中，管控需求应考虑交通事故、养护施工、应急事件、极端天气等因素。

车道级管控与信息服务平台由外场数据采集、管控信息发布、控制系统构成。

外场数据采集可通过摄像头、雷达、气象站、高速公路入出口收费站和ETC门架等获取。

管控信息通过沿线布设的车道控制信息标志及其他专用信息发布设施发布，并借助FM广播、车载终端、第三方出行服务平台等方式在"出行前""出行中"及"出行后"3个阶段提升发布信息的覆盖面和及时性，丰富伴随式信息服务，实现交通流精细化管控，提高安全性及整体通行效率，确保交通安全。

控制系统由云控平台统一规划、统一数据交互方式，能实时处理、分析并存储交通数据，判断交通运行状态，选择合适的主线控制策略，生成控制指令并发送至外场的主线控制器，远程监控主线控制器等外场设备的运行状态，并实现与相关系统的信息共享。

② 功能要求

车道控制信息标志应覆盖所有车道（含应急车道），具备接受并执行控制系统指令的功能，按车道发布允许通行的车型、限速、车道开放等信息，宜优先选择与ETC门架合建或升级既有的门架式可变信息情报板。

车载终端通过车路间数据通信交互方式，宜充分利用现有ETC门架终端、运输车辆卫星定位系统车载终端等设备，优先采用国家标准、行业标准和国际标准，提供精细化的速度和行驶车道引导。

交通管理部门应结合路段所在位置、交通量状况、运营模式等，制定正常运营、交通拥堵、突发事件、施工养护、恶劣气象环境、应急车辆优先等车道级交通控制策略。

信息服务系统信息发布内容包括道路基础设施信息、服务设施状态信息、交通管控信息、出行规划信息、交通运行状态信息、交通突发事件信息、公路施工养护信息、路域旅游信息、气象环境信息、高速服务区状态信息、应急救援信息、安全辅助驾驶信息及其他信息等，可借助第三方出行服务平台，例如交通服务热线、广播、手机应用软件/小程序、车载终端等，以文字、图形、语音、视频等多种方式提供广播式信息服务。

（3）车道级导航与车辆引导平台

① 一般规定

车道级导航与车辆引导平台可利用高清渲染技术，还原真实道路场景信息，包括当前车道数量、地面标识标线、出入口和特殊车道等，同时结合高清卫星信号，实时显示车道位置，提供恰当、精准的车道引导。

② 功能要求

车道级导航与车辆引导平台可引导车辆绕行道路施工、事故、管制等路段，及时对车辆汇入、道路变窄等场景进行危险示警等，保障驾驶安全。该平台在长实线等场景下可帮助用户减少违规操作；在高速、快速汇出/入场景下，该平台通过精准定位提供精准指引，减少车辆错过出口导致的绕路问题。该平台具备以下功能。

- 车线定位：运用视觉传感器辅助定位，将车标匹配到车道上，改善定位的左右误差。
- 车线引导：提供更恰当的车线引导，例如"请尽快向左变线，走左侧两车道"。

- 车线级偏航：将"偏航"的概念从道路级细化到车线级，从而提供更灵敏的路线重规划能力。

（4）灾害预警及应急救援平台

① 一般规定

灾害预警及应急救援平台应符合道路应急救援体制，实现事前及时预警、事中科学救援、事后智能评估的全过程管理。

② 功能要求如下

- 该平台具备基于关键结构物监测、设备设施监测、交通运行状态监测、气象环境监测等手段实现异常事件快速预警、精准定位等功能。
- 该平台具备应急预案自动匹配功能，实时发布控制策略和调度指令，有效调度应急资源。
- 该平台具备高效指挥调度功能，实现现场数据与调度数据相互融合，"一路各方"联勤联动，科学救援。
- 该平台具备针对事件预警、预案匹配、指挥调度、联勤联动等进行多要素、多形式的全过程记录，实现灾害预警与应急救援的全流程可追溯。
- 该平台具备事件智能评估功能，对整个应急过程进行溯源并分析，优化预案的准确性，提升预警、指挥、联动效率，提升应急人员的科学处置能力。

2. 创新应用平台

（1）车路协同与自动驾驶平台

① 一般规定

- 车路协同与自动驾驶平台利用先进的传感技术、网络技术和控制技术，能够全面地感知道路和交通环境，同时兼顾不同的汽车自动化水平和不同的交通系统的集成阶段，有效地实现感知、预测、决策和控制。
- 车路协同与自动驾驶平台能够实现时间同步、位置高精度采集、边缘信息融合，具备车道级交通信息接入与发布、管理与服务策略智能生成，以及路侧智能站、专用终端管理、自动驾驶和队列行驶等功能。

② 功能要求

车路协同与自动驾驶平台主要由 RSU、OBU、信息发布终端、路侧计算设施、边缘计算设备组成。根据场景复杂性,可选高精度地图、高精度定位系统及车路协同云端管理平台,平台应实现车辆身份认证及信息加密,各组成设施功能应符合以下要求。

- 信息发布终端可采用抬头显示设备、手机、平板电脑、FM 调频广播等,基于 App 发布车路协同信息,宜与互联网导航软件合作发布信息。
- 路侧计算设施/边缘计算设备应具备数据存储和计算能力,需要能接入至少 2 种以上的感知设备,算力应满足数据融合、数据更新和系统时延等需求。
- 车路协同与自动驾驶平台应具备车路协同外场设备运行监测、信息采集分析、信息处理下发、日常运行维护、大数据挖掘等功能,可整合至数据中心一并建设。

车路协同与自动驾驶平台能够实现安全类、效率类、服务类的典型应用场景,包含但不限于以下场景,车路协同与自动驾驶平台场景应用见表 3-5。

表 3-5 车路协同与自动驾驶平台场景应用

类别	应用场景
安全类	车辆特定路段限行预警
	异常天气实时预报警
	行车视距不良报警
	危险路段预警
	危险路段越线行驶报警
	限速及超速行驶提醒
效率类	突发性事件和计划性事件提醒
	路网运行状态提醒及分流引导
	紧急车辆避让提醒
	前方交通事件信息查询
服务类	服务区停车位引导
	服务区信息服务
	应急救援服务

(2)自由流收费与联网稽查平台

① 一般要求

ETC + 车牌识别 + 多种支付融合的技术路线,可以对多个车道上任意行驶的车辆进行自由流收费,从而提高交通效率,减少车均运行时延。自由流收费与联网稽查平台的整体结构包括收费系统、收费站车道系统、收费计算平台、主线 ETC 系统。在现有的 ETC 门架体系中，应当充分发挥现有 ETC 门架系统的作用，并配备完善的检测、通信、供电等设备，加强自由流收费建设。

针对取消省界收费站后，可能存在 ETC 门架系统漏扣错收、OBU 故障、遮挡号牌、套牌等异常情况，应部署自由流收费与联网稽查平台。该平台利用当前高速公路视频监控系统的可视化视频和图片信息，结合 ETC 门架和收费站通行信息，运用数据融合分析处理技术和人工智能技术，将违法车辆的车牌号码、车辆类型、车身颜色、车辆品牌等信息转换成结构化数据，形成异常交易通行流水、交通流量变化、通行费变化等信息，对疑似漏逃费车辆进行稽查，完善证据链，最终确认车辆是否逃费。

② 功能要求

自由流收费与联网稽查平台功能要求如下。

- 清分结算，支持通行费清分结算业务。
- 系统参数管理，管理路段费率、黑名单等参数。
- 数据传输管理。
- 对账及结算。
- 复合通行卡调拨管理。
- 特情处理。
- 稽查管理。
- 客户服务。
- 为 MTC、ETC 车辆提供自由流收费服务。
- 特殊车辆管理。

（3）全天候通行与主动管控平台

① 一般规定

全天候通行与主动管控平台包括智能车载终端、车路协同、交通信息监测、边缘计算、高精度定位、智能消冰除雪、雾天行车引导等技术，利用车路协同预警、引导服务，在特定气象条件下实现车辆的安全行驶。

全天候通行与主动管控平台总体架构包括交通信息监测、智能车载终端、新一代无线通信、边缘计算、高精度定位、智能行车引导及主动式融雪化冰路面或自动喷淋等。

② 功能要求

车辆安装有实时车路通信、高精度定位信息接收、语音、字符显示等功能的智能车载终端，部署高精度地图，以获取车道级的信息数据，例如车道线、道路边缘线等数据。

路侧部署交通信息监测设施，应至少包括交通流检测器、交通事件检测器、路面状态检测器、气象传感器等。路侧部署交通信息监测设施能提供低时延、高可靠、全覆盖的新一代多模宽带无线通信网络；部署高精度定位系统，可为用户提供稳定、可靠的厘米级定位服务，结合高精度地图数据，能够准确识别车辆所在的车道；部署边缘计算设施，可提供监测信息分析及环境动态预测的计算能力；设置智能行车引导装置，引导装置闪烁状态应根据现场能见度和雨雪等气象环境条件确定，工作模式包括道路轮廓强化模式、行车主动引导模式、防止追尾警示模式、关闭模式等。

易结冰路段采用智能消冰除雪技术，主动感知路面状态，结合气象环境，自动消冰除雪。道路沿线应布设信息发布设施，为车辆提供前方道路风险预警。

（4）全生命周期管理与养护平台

① 一般规定

全生命周期管理与养护平台采用BIM、GIS等数字化设计和展示手段，打通勘察设计、建设管理、智慧工地、智能建造、智慧养护等环节，实现多种数字技术集成应用和协同。在新建、改扩建道路项目中，用于养护运营阶段的基础设施监测设备设施宜与道路主体工程同步设计、同步施工、同步验收。智慧养护应针对不同基础设施的特点，采用数字化交付、自动化检测、智能化监测、科学化决策等手段，实现公路养护全过程、全要素的数字化、智能化、主动式、预防性管理，提升基础设施的耐久性和可靠性，优化养护资金投入。

② 功能要求

勘察设计采用先进的技术提升勘测、设计和成果交付等环节的数字化和智能化水平，实现创新设计、优化设计和高效设计。勘测过程利用高分遥感、无人机、GIS等新技术，实现设计模型与地形的交互，提升设计成果的可视化水平。设计过程采用BIM技术开展可视化比选、碰撞分析、净空核验、仿真模拟等，进行方案设计和优化。成果交付环节应提供完整的构件模型及属性信息，并上传至建设管理相关平台，完成设计阶段向施工阶段的信息无损传递，实现数字化交付。

建设管理方应协调监理、施工、检测等参建方，构建一体化建设管理平台，实现建设全过程、各阶段、各环节有效衔接,提升投资管理、进度管控、质量监管、安全管控、环境监测等工程建设管理各环节的数字化和智能化水平。进度管控应结合现场每日进度填报,实现进度自动汇总统计、偏差分析及预警、偏差纠正和进度可视化展示等。质量监管应实现工程质量全过程管控,确保工程质量可跟踪、可反馈、可追溯。安全管控应实现对人的不安全行为和物的不安全状态的实时动态感知预警。环境监测应实现对工地扬尘、环境噪声、水质、土壤等的实时动态监测预警。

智慧工地利用BIM、GIS、物联网、移动互联网等技术,实现对工地现场人员、机械、材料、生产工艺、场地环境和施工过程关键场景的动态实时管理。人员管理应实现身份鉴定、定位、考勤、安全防护用具使用状态监测等功能。机械管理应实现施工车辆和特种设备管理等功能。材料管理应实现物料验收、智能识别和清点物料等功能。生产工艺管理应实现关键节点施工工序管理等功能;环境管理应实现对扬尘、噪声、水质等环境的监测功能。

智能建造应在钢结构加工和预匹配拼装等阶段进行,宜与智能物流与仓储系统配合,实现作业计划的优化制定与调整、物料的优化调配。钢结构智能加工包括智能切割下料、智能焊接、智能涂装及智能管控等,宜利用BIM技术提高钢结构智能加工质量和效率。构件安装前宜采用点云成像等技术结合BIM技术进行数字化预匹配拼装,保证精度满足安装要求。

智慧养护系统采用数字孪生技术,在完成道路结构物、设施的数字化基础上,通过监测数据、养护数据、智能决策数据可实现物理实体与虚拟实体的联动,在虚拟实体上进行预测、仿真、分析等,提高物理实体的养护能力;建立唯一的身份标签,对关键结构物及设备设施进行身份识别、信息溯源;具备结构物及设备的服役性能与灾变衍化表达与预测功能;具备养护问题在线咨询功能、故障应对策略库,便于养护问题及时解决,提升养护人员能力;具备智能巡检功能,并自动生成巡检报告。

3.3.4 支撑保障体系

1. GIS

(1)概述

GIS是在计算机软硬件系统的支持下,对现实世界(资源与环境)的研究和变迁的各类空间数据及描述这些空间数据特性的属性进行采集、存储、管理、运算、分析、显示和描述的技术系统。

（2）GIS 构成

GIS 构成见表 3-6。

表 3-6　GIS 构成

序号	系统构成	具体内容
1	硬件	硬件是指操作 GIS 所需的一切计算机资源。一个典型的 GIS 硬件系统除了计算机，还包括数字化仪、扫描仪、绘图仪、磁带机等外部设备
2	软件	GIS 运行所需的各种程序，应提供存储、分析和显示地理信息的功能。GIS 软件由计算机系统软件、地理信息系统工具或地理信息系统实用软件，以及应用程序等组成
3	数据	数据是一个 GIS 应用系统基础的组成部分，数据包括空间数据和属性数据
4	人员	GIS 需要人工进行系统组织、管理、维护和数据更新，系统扩充完善及应用程序开发，并采用空间分析模型提取多种信息
5	方法	方法是指应用模型。它是在对专业领域的具体对象与过程进行大量研究的基础上总结出来的规律。GIS 应用是利用这些模型对大量空间数据进行综合分析来解决实际问题的，例如，基于 GIS 的矿产资源评价模型、灾害评价模型等

（3）GIS 功能

GIS 功能见表 3-7。

表 3-7　GIS 功能

系统功能	功能描述
数据采集与输入	数据处理系统将系统外部的原始数据传输给系统内部，并将这些数据从外部格式转换为系统便于处理的内部格式
数据编辑与更新	数据编辑主要包括图形编辑和属性编辑。图形编辑主要包括拓扑关系建立、图形编辑、图形整饰、图幅拼接、图形变换、投影变换、误差校正等功能。属性编辑主要与数据库管理结合在一起完成。数据更新即以新的数据项或记录来替换数据文件或数据库中对应的数据项或记录，它是通过删除、修改、插入等一系列操作来实现的
数据存储与管理	空间数据存储是 GIS 的底层技术，它直接影响其他高层功能的实现效率，从而影响整个 GIS 的性能。属性数据管理既可以利用 GIS 软件进行管理，又可以直接利用商用数据库软件进行管理。空间数据管理是 GIS 数据管理的核心，各种图形或图像信息以严密的逻辑结构存放在空间数据库中

续表

系统功能	功能描述
空间查询与分析	空间查询与分析是 GIS 的核心，主要包括数据操作运算、数据查询检索和数据综合分析 3 个方面。通过 GIS 提供的空间分析功能，用户可以从已知的空间数据中得出隐含的重要结论，这对于许多应用领域是至关重要的
数据显示与输出	将用户查询的结果或数据分析的结果以合适的形式输出是 GIS 问题求解过程的最后一道工序。输出形式通常有两种：在计算机屏幕上显示或通过绘图仪输出。这方面的技术主要包括编辑、图形整饰、符号制作、图景图例生成、出版印刷等

2. BIM

（1）概述

BIM 是建筑学、工程学及土木工程的新工具，由 Autodesk 公司在 2002 年率先提出。BIM 技术已经在全球范围内得到业界的广泛认可。从建筑的设计、施工、运行到整个建筑全生命周期的终结，所有信息都能被 BIM 整合到一个三维的模型信息数据库中，高度集成建筑信息，使设计团队、施工单位、设施运营部门、业主等各方人员都能在 BIM 上协同工作，提高工作效率，节省资源，降低成本，实现可持续发展。

（2）BIM 功能

BIM 功能见表 3-8。

表 3-8　BIM 功能

系统功能	功能描述
数据可视化	可视化即"所见所得"的形式，对于建筑行业来说，可视化在建筑业的作用是非常大的，例如，施工图纸只是各个构件的信息在图纸上用线条绘制表达出来的，但是其真正的构造形式需要从业人员自行想象。BIM 提供了可视化思路，让人们将以往的线条式的构件形成一种三维的立体实物图形展示在人们的面前。建筑业也有设计方面的效果图，但是这种效果图不含除构件的尺寸、位置和颜色外的其他信息，缺少不同构件之间的互动性和反馈性。而 BIM 提到的可视化是一种能够在同构件之间形成互动性和反馈性的可视化，由于整个过程都是可视化的，可视化结果不仅可以用效果图展示及用报表生成，更重要的是，项目设计、建造、运营过程中的沟通、讨论、决策都在可视化的状态下进行

续表

系统功能	功能描述
项目协调	协调是建筑业的重点内容，不管是施工单位，还是业主及设计单位，都在做着协调及相配合的工作。一旦项目在实施过程中遇到了问题，就要将有关人士组织起来开协调会，找到各个施工问题发生的原因及解决办法，然后制定相应的补救措施等来解决问题。在设计时，由于各专业设计师之间的沟通不到位，出现了各种专业之间的碰撞问题。例如，暖通等专业管道在进行布置时，由于施工图纸是各专业设计师各自绘制的，在真正施工过程中，工作人员可能在布置管线时遇见构件阻碍管线的布置问题，这样的碰撞问题只能在问题出现之后再进行解决。而BIM的协调性服务就可以帮助处理这种问题，也就是说，BIM可以在建筑物建造前期对各专业的碰撞问题进行协调，生成协调数据
模拟	BIM的模拟并不是只能模拟设计出建筑物模型，还可以模拟不能够在真实世界中进行操作的事物。在设计阶段，BIM可以对设计上需要进行模拟的一些东西进行模拟实验
优化	整个设计、施工、运营的过程是一个不断优化的过程。当然优化和BIM并不存在实质性的必然联系，但在BIM的基础上可以做更好的优化。优化受信息、复杂程度和时间3种因素的制约。没有准确的信息，就做不出合理的优化结果，BIM提供了建筑物实际存在的信息，包括几何信息、物理信息、规则信息，还提供了建筑物变化以后实际存在的信息。当建筑物复杂程度较高时，参与人员依靠本身的能力无法掌握所有的信息，必须借助一定的科学技术和设备。现代建筑物的复杂程度大多超过参与人员本身的能力极限，BIM及与其配套的各种优化工具提供了对复杂项目进行优化的可能
出图	BIM不仅能绘制常规的建筑设计图纸及构件加工的图纸，还能通过对建筑物进行可视化展示、协调、模拟、优化，并出具各种专业图纸及深化图纸，使工程表达更加详细

3. 融合通信指挥调度系统

（1）概述

融合通信指挥调度系统是基于会话起始协议的开放交换平台设计的，它将语音、视频、图像、GIS、数据、文本等各种信息媒体数据高度融合为一体，形成综合性指挥调度业务，既可以满足日常指挥通信、值班值守、业务巡检、移动执法等多种应用场景，也可以应对战时的应急救援、应急指挥、应急决策等要求，达到统一指挥、联合行动的目的，实现"看得见、呼得通、调得动、溯得源"的目标，充分满足了指挥中心对信息一体化、指挥扁平化、操作智能化的建设要求，极大地提高了指挥调度的管理效率与智慧应用，真正实现了"一个平台、一个操作台"的全媒体融合指挥调度的理念。

（2）系统构成

融合通信指挥调度系统架构如图 3-10 所示。该系统与传统调度系统相比，具有容量大、多网融合通信、多业务融合调度、跨地域分布部署、音/视频综合调度等众多技术优势。该系统可以构建语音、视频和数据通信一体化的指挥调度模式，保证各级指挥部门可以进行跨地域、跨部门、跨层级的全业务融合通信，搭建上下联动、横向呼应、高效运行的扁平化融合指挥调度，为交通、应急管理、公安、人防、司法等部门的日常值守和应急处置提供有效支撑，有力保障人民生命财产安全。

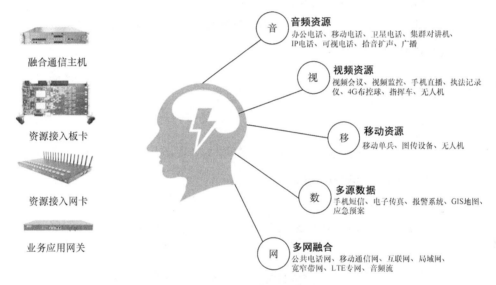

图 3-10　融合通信指挥调度系统架构

（3）系统功能

融合通信指挥调度系统全面接入现有的信息化资源，例如监控、电台、电话、会议、广播设备等，当发生应急事件处置时可以随时联系到任意单位。

融合通信指挥调度系统可以监控整个系统关键设备的运行情况和使用情况，必要时可以进行维修和通信控制。

当发生求助或应急事件时，该系统自动根据位置信息调用预先制定的方案。

- 各指挥中心可以联网运行并可以将事件逐级上报。当遇到紧急情况需要求助时，可以在求助电话终端上按下应急键,与调度室进行双向通信,同时通过视频、语音等方式与求助人沟通,为求助人解决问题。当出现紧急情况呼叫时,每个终端都会指定一个号码,只要有一个终端呼叫,调度中心就会立刻找到事故的位置,并将附近的资源都显示在地图上。当出现重大事件时,该系统可以提供操作员广播功能,根据需要在事件周边进行广播通报。在监控区域,只要有人通过求助电话进行呼叫,求助电话就会发出一个触发信号给中心视频监控系统,调度室的视频监控系统会自动切换画面至求助电话区域。

- 安装在服务区、收费亭、加油站、养护区的通信设施,日常可以作为内部通信工具使用,完成通话、会议等日常办公任务。通信设施上设置有限的紧急事件按钮,当工作人员发现异常情况时,可以一键通知指挥中心。

- 在公路沿线安装的应急基础设施可向群众提供应急求助功能。在应急事件发生时,使用广播、显示屏等设施进行预警和疏散。救援现场可通过4G公网将现场音/视频信息回传到指挥中心。

4. 供电系统

（1）概述

安全可靠、技术先进、经济合理、节能环保、维修方便是数字道路供电系统设计的基本原则。供电系统设计原则如下。

- 供电系统变压器输入端引自供电局10kV开闭所。
- 供电变压器采用高压环网方式供电,运行方式为开环运行,且开环位置由供电局确定。
- 供电半径:正常运行时,照明灯具及其他用电设备的电压应维持在额定电压的90%～105%,按供电点位的位置及功耗反向计算得出箱式变压器的供电半径约为500m,极限供电半径为600m。
- 供电系统的接地形式采用接零保护系统(TN-S),灯具外壳、金属灯杆及构件、配电及控制箱屏等的外露可导电部分,应进行保护接地,并应符合国家现行相关标准的要求。
- 供电点位供电方案:从箱式变压器低压侧引出低压电缆ZC-YJV22-0.6/1KV-4*120+1*70mm^{2}至路口配电柜,再由配电柜引出低压电缆ZC-YJV22-0.6/1KV-5*25mm^{2}给设备供电。

- 信控系统供电方式：为了保障信控系统的供电安全，采用从路口配电柜单独提供一个独立回路进行供电。
- 电缆敷设在道路两侧由基础公司建设的管道内。
- 供电等级：供电等级为三级，低压侧设备采用单回路供电。
- 配电系统中性线的截面应不小于相线的导线截面，且应满足不平衡电流及谐波电流的要求。

（2）系统构成

数字道路供电系统包含高压线缆及箱式变压器、低压配电系统等。供电系统构成如图3-11所示。

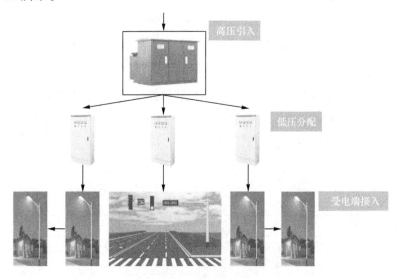

图3-11　供电系统构成

（3）系统要求

依据数字道路各专业智能设备的负荷，项目主要建设内容为高压线缆、箱式变压器等设备。

供电要求如下。

- 负荷等级：新增智慧灯杆负荷按二级负荷设计。
- 电压损失：正常运行下的灯杆端电压应为额定电压的90%～105%。
- 线缆要求：配电系统宜采用地下电缆线路供电，中性线的截面应不小于相线的导线截面，并且应满足不平衡电流及谐波电流的要求。

- 安全防护：智慧灯杆配电系统应具有短路保护和过负荷保护；接地形式应采用保护接地系统（TT系统）或TN-S；供电线路的人孔井盖及子孔井盖、照明灯杆的检修门及户外配电箱，均应设置需要使用专用工具开启的闭锁装置。

5. 信息安全系统

（1）概述

信息安全系统是基于开放系统的互联网络模型，通过安全机制和安全服务满足信息安全的系统。安全机制是提供某些安全服务，利用各种安全技术形成的一个较为完善的结构体系。安全服务是从网络中的各个层次提供信息应用系统需要的安全服务支持。网络模型、安全机制、安全服务应用到一起会产生信息系统需要的安全空间，安全空间包括五大属性——认证、权限、完整、加密、不可否认。

（2）系统构成

为了保证信息的机密性、完整性、可用性和可控性，信息安全系统需要采用相应的技术措施。这些技术措施是信息安全系统的直观的组成部分，任何一个环节薄弱都可能带来极大的风险。因此，要合理部署，互相联动，形成一个有机的整体。信息安全系统技术介绍见表3-9。

表3-9 信息安全系统技术介绍

技术类型	详细介绍
加/解密技术	在传输过程或存储过程中进行信息数据的加/解密，典型的加密方式包括对称加密和非对称加密
虚拟专用网络技术	虚拟专用网络（Virtual Private Network，VPN）通过一个公用网络（通常是互联网）建立一个临时的、安全的连接，这是一条穿过公用网络的安全、稳定的网络隧道。通常VPN是对企业内网的扩展，可以帮助远程用户、公司分支机构、商业伙伴及供应商与公司的内网建立可信的安全连接，并保证数据的安全传输
防火墙技术	防火墙在某种意义上可以说是一种访问控制产品。它在内网与不安全的公用网络之间设置障碍，防止外部对内部资源的非法访问，以及内部对外部的不安全访问
入侵检测技术	入侵检测技术是防火墙的合理补充，帮助信息安全系统防御网络攻击，扩展了系统管理员的安全管理能力，提高了信息安全基础结构的完整性。入侵检测技术从计算机网络系统中的若干关键点收集信息并进行分析，检查网络中是否有违反安全策略的行为和遭到袭击的迹象
安全审计技术	安全审计技术包含日志审计和行为审计。日志审计协助管理员在网络受到攻击后查看网络日志，从而评估网络配置的合理性和安全策略的有效性，追溯、分析安全攻击轨迹，并能为实时防御提供手段

(3) 系统功能

信息安全系统负责基础设施实体安全，以及机房、场地、设施、动力系统、安全预防和恢复等物理上的安全。

信息安全系统功能介绍见表3-10。

表3-10 信息安全系统功能介绍

序号	系统功能	具体描述
1	平台安全	操作系统漏洞检测和修复、网络基础设施漏洞检测与修复、通用基础应用程序漏洞检测与修复、网络安全产品部署等属于软件环境平台的安全
2	数据安全	涉及数据的物理载体、数据本身权限、数据完整可用、数据监控、数据备份存储
3	通信安全	涉及通信线路基础设施、网络加密、通信加密、身份鉴别、安全通道和安全协议漏洞检测等
4	应用安全	涉及业务的各项内容，包括程序安全性测试、业务交互防抵赖测试、访问控制、身份鉴别、备份恢复、数据一致性、数据保密性、数据可靠性、数据可用性等业务级别的安全机制内容
5	运行安全	涉及程序应用运行之后的维护安全内容，包括应急处置机制、网络安全监测、网络安全产品运行监测、定期检查评估、系统升级补丁提供、最新安全漏洞和通报、灾难恢复机制、系统改造、网络安全技术咨询等
6	管理安全	涉及应用使用到的各种资源，包括人员、培训、应用系统、软件、设备、文档、数据、操作、运行、机房等
7	授权和审计安全	授权安全是指向用户和应用程序提供权限管理和授权服务，负责向业务应用系统授权服务管理、用户身份到应用授权的映射功能。审计安全是指信息安全系统必须支持的功能特性，主要是检查网络内活动用户、检测潜在威胁、统计日常运行状况、事后分析异常事件和突发事件、辅助侦查取证
8	安全防范体系	企业信息安全资源综合管理包含6项功能——预警、保护、检测、反应、回复、反击

3.4 本章小结

本章首先介绍了数字道路信息底座的基本构成，其次根据感知要素监测内容（包括道路主体信息感知、交通管理控制、车路协同等），从系统构成到部署原则对道路感知要素进行了详细的阐述，最后对数字道路的平台构成进行了分析，详细论述了数字道路的数字底座、能力中台、应用平台及支撑保障体系的新技术体系架构。

数字道路构建的一体化运维体系以实现全生命周期的数据服务为目标，可为城市交通规划、道路建设监理、路上场景应用提供数据支持。通过运营和维护数字道路所产生的数据要素，城市也将具备应急指挥调度、交通引导、流量统计、风险预警等能力，进而对交通出行及交通组织产生深远的影响。

第 4 章
数字道路应用场景

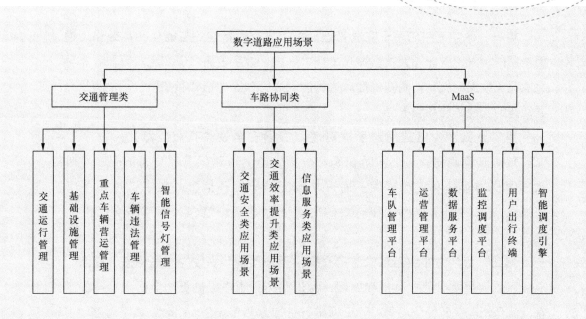

数字道路应用场景需要考虑交通安全、交通效率、交通管理、出行服务等，达到保障交通安全、提升交通效率、改善交通管理、提升出行服务的目的。

4.1 交通管理类

4.1.1 概念

交通管理是对公共交通、私人车辆和行人在道路上顺利、安全和有序地行驶进行管理和监控的过程。它包括各种手段（例如地标、标志、信号灯、标线、车辆轨迹监测、高速道路监控系统、车辆管理系统、智能交通系统等），用于监控和管理车辆、交通流量和行人。

交通管理是为了维护道路的交通秩序，减少交通事故和缓解交通拥堵，提高公路的速度和效率，同时也是为了方便群众的出行。

4.1.2 背景与必要性

第一，数字道路应用于交通管理可以提高交通管理的智能化和高效化。通过使用物联网、人工智能、大数据等先进技术手段，数字道路可以实现对路段、车辆、交通情况等数据的实时监测和处理。这将使交通管理更加精准和高效，从而为群众带来更便捷的交通体验和服务。

第二，数字道路应用对于提高道路交通安全性具有重要意义。数字道路可以实现对车辆和驾驶员的实时识别和分析，监测道路状况和交通情况，及时处理和预防交通事故和违法行为。通过掌握交通数据和信息，数字道路还可以协助交通管理部门制定更科学和有效的交通安全策略和措施，使道路交通更加安全稳定。

第三，数字道路应用可以为群众提供更加便捷和高效的交通信息和服务。数字道路可以通过实时数据分析和处理，为道路交通用户提供更加全面和准确的道路信息、流量情况、预警信息等，使交通出行更加方便和安全。同时，数字道路还可以实现路况实时监控和引导，优化交通流量，缓解交通压力，为群众出行提供更加舒适和便捷的体验。

4.1.3 交通运行管理

1. 交通拥堵管理

为了更好地计算出不同路口、路段及不同时段的车辆平均车速、拥堵时长、拥堵距离等数据，实现拥堵态势具象化，首先通过分析交通流量的历史数据，了解交通参数在拥堵情况下的具体变化情况，更加合理地调整交通信号配时，以此来尽可能地提高路口通过率和道路使用率，减少交通延误时间。

同时，为了获得更多的拥堵警情数据源，可结合市民提供的信息，以及高德、百度等地图提供的实时路况信息，将实时拥堵情况发布至交通引导系统，进行有选择性的视频巡检，提高警情发现和响应能力。

此外，按照不同周期（小时、日、周、月、年等）计算拥堵路段、距离、时长等指标，统计分析路段不同指标的变化趋势，形成相应的报表和日志，从而为政府调整交通管理政策提供服务。

2. 交通安全预警

实时监测分析交通事件（交通事故、非机动车进入机动车道、道路抛洒物等）、异常天气（团雾、积水、积雪、结冰等）、异常路况（临时道路封闭、道路施工、交通管制等）和异常车辆（低速行驶、违规停车、占用应急车道、占用非机动车道、逆行等），生成预警信息，上报至管理平台，发送至可变信息情报板、喊话系统和车辆终端（智能车辆终端、手机终端、导航系统），实现车辆安全高效通行。

交通安全预警能够在一定程度上减少事故发生，降低事故影响，规范驾驶行为，提高通行效率。

3. 交通分析指标

交通分析指标用于衡量交通运行情况。以下从基本参数、评价指标和优化指标3个方面分别介绍各项指标的参考计算方法。交通分析指标见表4-1。

表 4-1　交通分析指标

指标分类	指标名称
基本参数	车流量
	饱和度
	车流密度
	平均车头时距
	空间占有率
	自由流速度
评价指标	一次通过率
	二次通过率
	延误时间比
	行程时间比
	通行效率
优化指标	最大排队长度
	平均排队长度
	平均停车次数
	平均等待时长
	平均行驶速度

（1）基本参数的计算

① 车流量

车流量为每单位时间经过某路口的车次量，主要的统计方法为单位时间内经过路口线圈的车流量之和。

② 饱和度

饱和度（Saturation）为某车流的实际交通流量与该车流的饱和通行能力的比值，是反映道路服务水平的重要指标之一。其计算方法如式（4-1）所示。

$$饱和度（Saturation） = \frac{V}{C} \times 100\% \qquad 式（4-1）$$

其中，V 是实际交通量，C 是最大通行能力。最大通行能力 C 的计算方法如式（4-2）所示。

$$C = C_d \times \gamma \times \eta \times \beta \times \theta \qquad 式（4-2）$$

式（4-2）中，C_d 为基准通行能力（pcu/h），其计算方法如式（4-3）所示。

$$C_d = \frac{3600}{t_0} \qquad 式（4-3）$$

式（4-3）中，t_0 为平均车头时距。

式（4-2）中，γ 为自行车影响修正系数，一般其值取 1；η 为车道宽度影响修正系数，其计算方法如式（4-4）所示。

$$\eta = \begin{cases} 50 \times (W_0 - 1.5) \\ -54 + \dfrac{188 \times W_0}{3} \end{cases} \qquad 式（4-4）$$

式（4-4）中，W_0 为一条机动车道的宽度。

式（4-2）中，β 为交叉口影响修正系数，其计算方法如式（4-5）所示。

$$\beta = \begin{cases} \beta_0 & (s \leqslant 200\text{m}) \\ \beta_0 * (0.0013 \times s + 0.73) & (s > 200\text{m}) \end{cases} \qquad 式（4-5）$$

式（4-5）中，s 为路段长度，β_0 为路段上游交叉口绿信比，取值 0.5625。

式（4-2）中，θ 为车道数影响修正系数，车道数影响修正系数见表 4-2。

表 4-2　车道数影响修正系数

单向车道数 / 个	1	2	3	4
θ	1.00	1.87	2.60	3.20

③车流密度

车流密度（K）为单位长度瞬时车辆数，用来表明车辆密集程度，其计算逻辑为单位时间（1s）车道上的瞬时车辆数除以路段长度，具体算法如式（4-6）所示。

$$车流密度（K）= \frac{N}{L} \qquad 式（4-6）$$

式（4-6）中，N 为观测路段内某瞬时车辆数，L 为观测路段长度。

④平均车头时距

平均车头时距为单位时间两个连续车辆车头通过线圈的平均时间间隔，其计算逻辑为单位时间（10min）内经过线圈的所有目标的车头时距累加除以经过线圈的目标个数，具体算法如式（4-7）所示。

$$\overline{h_t} = \frac{\sum_{i=1}^{n-1} t_i}{n-1} \qquad 式（4-7）$$

式（4-7）中，n 为单位时间（10min）内经过线圈的车辆总数，t_i 为第 i 辆车与第 $i+1$ 辆车的车头时距。

⑤ 空间占有率

空间占有率（R_s）为单位路段长度上的车辆占有率，用来表明道路空间占用程度，其计算逻辑为单位时间（1s）车道上的车辆长度总和除以路段长度，具体算法如式（4-8）所示。

$$R_s = \frac{1}{L} \sum_{i=1}^{n} L_i \qquad 式（4-8）$$

式（4-8）中，L 为观测路段总长度，L_i 为第 i 辆车的长度，n 为该路段的车辆数。

⑥ 自由流速度

自由流速度是指密度为 0 时交通流的理论速度，即不受其他车辆干扰、根据驾驶员主观意愿自由选择的行驶速度。自由流速度具体的测算方法：在规定时间内，车头时距大于 8s 的车辆所测得的所有车辆速度的平均值，具体算法如式（4-9）所示。受道路、交通条件的影响，观测点需要选择在路面状况良好的路段，具体结果以不同交通路段的测算结果为准。

$$FV = a + F_{cw} \times CW + F_{sw} \times SW + F_{RAC} \times RAC + F_{LM} \times LM + F_{FRIC} \times FRIC \qquad 式（4-9）$$

式（4-9）中，CW 为路面宽度，SW 为路肩宽度，RAC 为地形等级（取值 0～1），LM 为路面状况（取值 0～1），$FRIC$ 为横向干扰等级（取 0～5 内的整数），F_{CW}、F_{SW}、F_{RAC}、F_{LM}、F_{FRIC} 为各因素的影响系数。

（3）评价指标的计算

① 一次通过率

一次通过率是指单位时间内能直接通过路口的车辆比例，其计算逻辑为单位时间内排队两次通过的车辆数除以总车辆数。一次性通过率的指标越高，拥堵情况越轻，交通态势评价越高，道路服务质量越优。

② 二次通过率

二次通过率是指单位时间内排队两次通过路口的车辆比例，其计算逻辑为单位时间内排队两次通过的车辆数除以总车辆数。

③ 延误时间比

延误时间比（k）是指延误时间与实际行程时间之比，比值越大，交通状况越差，其计算逻辑为单位时间（10min）内，自由流速度与平均速度之差，改差与自由流速度的比值，具体算法如式（4-10）所示。

$$k = \frac{FV - \bar{v}}{FV} \qquad 式（4-10）$$

式（4-10）中，FV为自由流速度，$\bar{v}$为单位时间内通过该路口或路段的所有车辆的平均速度。

④ 行程时间比

行程时间比（m）是指实际行程时间与自由流行程时间之比，比值越大，交通运行状况越差。其计算逻辑为单位时间（10min）内，路口或路段中自由流速度与平均速度的比值，具体算法如式（4-11）所示。

$$m = \frac{FV}{\bar{v}} \qquad 式（4-11）$$

式（4-11）中，FV为自由流速度，$\bar{v}$为单位时间内通过该路口或路段的所有车辆的平均速度。

⑤ 通行效率

通行效率（e）是指实际速度与自由流速度之比，计算逻辑为单位时间（10min）路段平均速度与路段自由流速度之比，具体如式（4-12）所示。

$$e = \frac{\sum_{i=1}^{n} v_i}{FV \times n} \qquad 式（4-12）$$

式（4-12）中，n为单位时间内（10min）道路通行量，V_i为单位时间内第i辆车的行驶速度，FV为自由流速度。

（3）优化指标的计算

① 最大排队长度

最大排队长度是指单位时间内路口最大排队车辆长度，通过统计单位时间该路口排队长度的最大值获得。此参数值可以作为道路优化过程中的主要参考指标。

② 平均排队长度

平均排队长度（$\bar{L}$）是指单位时间内路口的平均排队长度，通过计算单位时间（10min）该路口排队长度的平均值获得，也可以作为交通态势优化的指标，其计算方法如式（4-13）所示。

$$\bar{L} = \frac{\sum_{i=1}^{n} l_i}{n} \qquad \text{式（4-13）}$$

式（4-13）中，n 为单位时间内路口车辆排队次数，l_i 为第 i 次路口排队的长度之和。

③ 平均停车次数

平均停车次数（$\bar{u}$）是指单位时间内路口每辆车平均停车次数，其计算逻辑为单位时间（10min）内，路口中所有车辆停车次数的平均值，具体算法如式（4-14）所示。减少平均停车次数，可以显著提升道路服务水平，提高驾驶人员道路体验。

$$\bar{u} = \frac{\sum_{i=1}^{n} u_i}{n} \qquad \text{式（4-14）}$$

式（4-14）中，n 为某路口单位时间内通过车辆数，u_i 为第 i 辆车在该路口停车的次数。

④ 平均等待时长

平均等待时长（$\bar{T}$）是指单位时间内路口每辆车的平均等待时长，计算逻辑为单位时间（10min）内，路口中所有车辆停车时间的平均值，具体算法如式（4-15）所示。

$$\bar{T} = \frac{\sum_{i=1}^{n} t_i}{n} \qquad \text{式（4-15）}$$

式（4-15）中，n 为某路口单位时间内通过车辆数，t_i 为第 i 辆车的等待时间之和。

⑤ 平均行驶速度

平均行驶速度（$\bar{V}$）为单位时间内路口每辆车的平均行驶速度，计算逻辑为单位时间（10min）内，所有车辆速度的平均值，具体算法如式（4-16）所示。

$$\bar{V} = \frac{\sum_{i=1}^{n} V_i}{n} \qquad \text{式（4-16）}$$

式（4-16）中，n 为某路口单位时间内通过的车辆数，V_i 为第 i 辆车的行驶速度。

4.1.4 基础设施管理

道路数字化升级依赖于大量数字化、智能化设备，从道路整体运营角度看，需要建设新型基础设施管理平台系统,实现对道路本体和数字化设备的统一管理。

1. 道路本体设施管理

道路本体设施管理系统宜采用大数据、人工智能等技术对基础数据、检测数据、监测数据、养护数据、运营数据等进行融合分析和挖掘,实现实时监测预警及评估、定期结构安全评价及性能评估、突发事件预警及评估、应急响应等功能。

道路本体设施管理主要包括路基监测、路面监测和边坡监测。

其中,路基监测包括地下分层水平位移、地下水位、降雨量、含水率、路堤顶沉降、地表水平位移及隆起等。

路面监测包括道路状态(例如,路表温度、路表变形、结构层温度、结构层变形)、交通参数(例如,交通量、车速、车型、轴重)及气候环境参数(例如,温度、湿度、降水、凝冰)等。

边坡监测包括支护结构变形、支护结构应力、地下水位、降雨量、含水率、深部位移、地表裂缝、水平位移、垂直位移、坡顶建(构)筑物变形等。

2. 道路数字化设备管理

(1)道路数字化设备分类

以雄安新区容东片区为例,道路数字化设备分类见表4-3。

表4-3 道路数字化设备分类

设备统称	有源分类	专业分类	设备名称	设备简介
道路数字化设备	有源设备	回传网	OLT	OLT外文名称是Optical Line Terminal,中文名称是光线路终端,是指用于连接光纤干线的终端设备
			光网络单元	光网络单元由核心功能电路、供电和管理等公共单元和通信接口组成,核心功能块包括用户和服务复用功能、传输复用功能及光分配网络接口功能
			交换机	交换机意为"开关",是一种用于电(光)信号转发的网络设备。它可以为接入交换机的任意两个网络节点提供独享的电信号通路

续表

设备统称	有源分类	专业分类	设备名称	设备简介
道路数字化设备	有源设备	边缘云	服务器	服务器是计算机的一种，它比普通计算机运行更快、负载更高、价格更贵
			防火墙	防火墙是通过有机结合各类用于安全管理与筛选的硬件设备，帮助计算机网络在其内、外网之间构建一道相对隔离的保护屏障，以保护用户资料与信息安全性的一种技术
		照明	灯具控制器	灯具控制器也称为可编程式灯光控制器，即控制器的灯光程序可以按照使用者的需要进行修改
		供电	变压器	变压器是利用电磁感应的原理来改变交流电压的装置，主要构件是初级线圈、次级线圈和铁芯（磁芯）
			数据传输单元	数据传输单元是专门用于将串口数据转换为IP数据或将IP数据转换为串口数据通过无线通信网络进行传送的无线终端设备
			智能电表	智能电表是智能电网（特别是智能配电网）数据采集的基本设备之一，承担着原始电能数据采集、计量和传输的任务，是实现信息集成、分析优化和信息展现的基础
		视频	摄像头	摄像头又称为电子眼等，是一种视频输入设备
		交管	红黄绿三色倒计时器	红黄绿三色倒计时器是一种红、黄、绿三色显示的倒计时显示装置
			测速雷达	测速雷达是利用电磁波探测目标的电子设备。发射电磁波对目标进行照射并接收其回波，由此获得目标至电磁波发射点的距离、距离变化率（径向速度）、方位、高度等信息
			交通信号控制机	交通信号控制机是能够改变道路交通信号顺序、调节配时并能控制道路交通信号灯运行的装置
			多功能枪机	多功能枪机是监控类摄像机中的一种
			电警卡口	电警卡口是特定场景下的交通管理摄像机

续表

设备统称	有源分类	专业分类	设备名称	设备简介
道路数字化设备	有源设备	车路协同	激光雷达	激光雷达是以发射激光束探测目标的位置、速度等特征量的雷达系统
			毫米波雷达	毫米波雷达是指工作在毫米波波段探测的雷达
			RSU	RSU 作为 C-V2X 技术的路边单元，负责接收交通信号控制机 / 服务器下发的路况信息等实时交通信息，并动态播报给通行车辆，规避交通事故，提升交通的通行效率
	无源设备	照明	LED 灯	LED 灯是一块电致发光的半导体材料芯片
			数字道路综合杆柱	数字道路综合杆柱是指按照"多杆合一""多箱合一""多头合一"的原则设计的路侧设备挂载杆柱
		供电	变电箱	变电箱是电力系统中对电能的电压和电流进行变换、集中和分配的箱体
		交管	交管箱	交管箱是用户安装交管设备的箱体
			隧道综合箱	隧道综合箱是用户安装隧道内交管设备的箱体
			综合机箱	综合机箱用于安装光缆终端盒、智能网关、监控单元及交直流配电单元等设备
			信号灯	道路交通信号灯是交通安全产品中的一个类别，是为了加强道路交通管理，减少交通事故的发生，提高道路使用效率，改善交通状况
			LED 显示屏	LED 显示屏用于显示交通信息

（2）设备建模与分析

我们可以采用物模型实现对数字化设备的建模和管理。物模型是对产品数字化的描述，定义了产品的功能，物模型将不同品牌、不同品类的产品功能抽象归纳，形成"标准物模型"，便于各方用统一的语言描述、控制、理解产品功能。物模型由若干参数组成，这些参数按描述的功能类型不同，参数又分为属性参数、操作参数和事件参数。数字道路设备物模型见表 4-4。

表 4-4　数字道路设备物模型

参数	说明
属性参数	用于描述设备的基础信息、配置信息、运行状态信息、自定义信息
操作参数	设备可被外部指令调用的能力或方法，可设置输入参数和输出参数，一条指令可以实现复杂的业务逻辑
事件参数	用于描述设备上报云端的事件，例如，设备告警信息

① 属性参数

数字道路设备物模型属性参数见表 4-5。

表 4-5　数字道路设备物模型属性参数

属性参数	基础信息	设备名称
		设备唯一编码
		是否有源设备
		所属区域
		专业
		厂商
		型号
		安装日期
		维保开始日期
		维保结束日期
		退服日期
		经纬度
	配置信息	IPv4
		IPv6
	运行状态信息	在线状态
		告警状态
		运行时间
		温度
		湿度
		电压

设备数量占比（r_i）可从多个维度进行分析，例如，是否有源设备、专业、厂商、型号等。以专业设备数量占比为例，其算法如式（4-17）所示。

$$r_i = \frac{\sum_0^j n_j}{sum} \qquad 式（4-17）$$

式（4-17）中，r_i 表示每个专业下的设备数量占比，n_j 表示该专业下关联的每类设备数量，sum 表示设备总数。

设备在线率（w_i）主要体现所有有源设备的在网情况，设备在线率可从多个维度进行分析，例如，全量设备、专业、厂商、型号等。以专业设备在线率为例，其算法如式（4-18）所示。

$$w_i = \frac{\sum_0^j n_{line\,j}}{sum_j} \qquad 式（4-18）$$

式（4-18）中，r_i 表示每个专业下的设备在线率，$n_{line\,j}$ 表示该专业下的在线设备数量，sum 表示该专业的设备总数。

设备告警率（$P_{(i,j)}$）主要体现设备的设备告警情况，表示设备告警时长与运行时长的比值，其计算方法如式（4-19）所示。

$$p_{(i,j)} = \sum_{(i,j)} \frac{a_j \times t_j}{t_s} \qquad 式（4-19）$$

式（4-19）中，a_j 表示设备告警的次数，t_j 表示每次设备告警的时长，t_s 表示设备运行的时长。

设备平均运行时长（$t_{(i,j)}$）表示每类设备正常运行的情况，其计算方法如式（4-20）所示。

$$t_{(i,j)} = \frac{\sum_{(i,j)} t_j}{i} \qquad 式（4-20）$$

式（4-20）中，t_j 表示每种设备正常运行的时间，i 表示设备的数量。

设备维保期内损坏率（p_i）表示同一种设备在维保期内损坏的设备数量占设备总数量的比例，其计算方法如式（4-21）和式（4-22）所示。

$$p_i = \frac{a_i}{n_i} \qquad 式（4-21）$$

$$p = \sum_i p_i \times \frac{n_i}{n} \qquad 式（4-22）$$

式（4-21）中，p_i 表示每种设备维保期内的损坏率，a_i 表示 i 类设备维保期设备损坏的数量，n_i 表示 i 类设备的总数量。式（4-22）中，p 表示整体设备维保期内损坏率，n 表示所有设备的总数量。

② 操作参数

数字道路设备物模型操作参数见表 4-6。

表 4-6　数字道路设备物模型操作参数

操作参数	查询类	在线状态查询
		场景查询
		配置信息查询
	控制类	启动
		关闭
		重启
		场景配置
		参数配置

查询类参数的具体说明如下。

● 在线状态查询可下发状态查询指令，探测设备在网状态。

● 场景查询以灯具控制器为例，可以下发场景查询指令，查询灯具控制器的照明计划。

● 配置信息查询以回传网设备为例，可以下发配置信息查询指令，查询回传网设备的端口配置信息。

控制类参数的具体说明如下。

● 在对设备的维护过程中，可下发启动、关闭、重启等控制类指令，配合设备的运维保障工作。

● 场景配置以灯具控制器为例，可以下发场景配置指令，配置灯具控制器的照明计划。

● 参数配置以回传网设备为例，可以下发配置信息参数配置指令，配置回传网设备的端口等参数信息。

③ 事件参数

数字道路设备物模型事件参数见表 4-7。

表 4-7　数字道路设备物模型事件参数

事件参数	设备离线告警	紧急告警
		严重告警
		一般告警
		次要告警
	设备性能告警	紧急告警
		严重告警
		一般告警
		次要告警
	设备故障告警	紧急告警
		严重告警
		一般告警
		次要告警

事件参数主要分为三大类，即设备离线告警、设备性能告警和设备故障告警。针对不同的告警事件，依据设备对整体业务的影响程度和影响范围又细分为4个标准等级——紧急告警、严重告警、一般告警、次要告警。例如：光线路终端设备离线告警属于紧急告警，因为光线路终端设备的离线会导致光线路终端设备网络节点下的光网络单元离线，进而影响路侧摄像头和雷达的正常工作，影响程度大、范围广；

灯具控制器离线告警属于次要告警，灯具控制器的离线只会影响对应 LED 灯的照明工作，不会对其他设备造成影响，影响程度小、范围窄。

4.1.5　重点车辆营运管理

"两客一危一重"车辆分布广、流动性强，管理难度大、风险隐患大。发生事故造成的伤亡损失大、社会影响大，为了及时有效地消除安全风险，亟须加强监管力度。

采用视频、雷达、传感器等技术手段追踪严重违法车辆，对重点车辆的逾期未检验、逾期报废等违法情况进行全息感知并建立分析模型，实时发现严重违法车辆，并推送给路面民警，从而对相关车辆进行拦截查处，实现动态管控。

实时监测分析重点车辆的运行轨迹，例如发生"三急一速"（急刹车、急加速、急转弯、超速）、蛇形行驶等异常驾驶行为，生成预警信息，上报至管理平台，再发送至异常驾驶车辆的车载终端，告知车主尽快恢复安全驾驶。

4.1.6 车辆违法管理

针对轻微交通事故，数据处理中心分析车辆的车道、轨迹、速度等数据，以图片、视频等方式形成证据链，完成数字取证工作，将信息发送给交通管理部门，对事故进行在线判定。

交通管理部门通过管理平台向车辆发送判定结果和警示信息，提醒车主快速离场，避免拥堵。同时，交通管理部门向保险公司发送判定结果，形成保险理赔依据，由保险公司进行在线理赔登记。

4.1.7 智能信号灯管理

我们基于雷达微波、电警报、刺刀等遥感数据，以及互联网交通数据，分析了关键数据，例如交通速度、流量、延误等。在确保交通安全、分配空间和时间资源的前提下，从城市十字路口进出，实现绿波动态控制、优先公交车控制、走廊控制变量等合理改善道路交通状况。通过定位公交车站、公交线路等信息，确定交叉路口交通的优先顺序，引导公众优先考虑公共交通，提高公共交通的参与率，缓解交通拥堵。

为了满足日益复杂的信号控制管理要求，许多控制系统和控制方案被提出，例如行人交通控制、绿波动态控制、可变车道控制和协调控制等。

为了给交通管理部门提供全面可靠的决策依据，基于道路网络模型，结合动态交通数据，生成了多维度、多目标的十字路口、道路和道路网络控制信号的效益评估报告。

根据内置的策略，结合实时交通和历史数据，优化十字路口规划信号。

4.2 车路协同类

4.2.1 概念

车路协同是指采用先进的无线通信和新一代信息技术，全方位实施车车、车路动态实时信息交互，并在全时空动态交通信息采集与融合的基础上开展车辆主动安全控制和道路协同管理，充分实现"人、车、路"的有效协同，保证交通安全，提高通行效率，从而形成安全、高效和环保的道路交通系统。

4.2.2 背景与必要性

我国是 C-V2X 技术路线的坚定支持者和大力倡导者。自 2016 年起，我国陆续出台了一系列政策支持车路协同发展。2020 年 12 月，交通运输部发布《关于促进道路交通自动驾驶技术发展和应用的指导意见》，提出应加强自动驾驶技术研发，提升道路基础设施智能化水平，统筹数字化交通工程设施、路侧感知系统等部署建设。

建设发展高等级车路协同不仅可以"面向未来"满足自动驾驶车辆商业化落地的发展需求，也可以"兼容当下"降维解决数字道路的发展需求，支撑建设智慧交通、智慧出行及新型智慧城市。

高等级车路协同使数字道路具有全域高精度感知识别的能力，可以充分发挥道路系统和设备设施的优势，提供交通监控执法、舆情监控、公共安全管理等能力，为交通、公安、城建等多个部门提供基础数据和基础能力服务，实现设备设施的最大化利用，避免重复投资建设。

高等级车路协同使数字道路具备车辆、道路、行人、云端高维数据的汇聚和实时处理分析能力。高等级车路协同除了服务自动驾驶，还可以不断探索更多面向不同人群的运营服务创新，通过各类服务让高等级数字道路发挥价值。

4.2.3 交通安全类应用场景

交通安全类应用场景类别见表 4-8。

表 4-8 交通安全类应用场景类别

应用场景	通信方式	应用名称
交通安全类	V2V[1]	前方静止车辆告警（交通意外、车辆故障等造成）
	V2V	前方慢速车辆告警（拖拉机、大货车等）
	V2V	紧急制动预警（紧急电子刹车灯告警）
	V2V	逆向超车提示

续表

应用场景	通信方式	应用名称
交通安全类	V2V	逆向行驶告警（提醒本车及其他车辆）
	V2V	盲区告警/换道辅助
	V2I[2]/V2V	交叉路口碰撞告警
	V2V	异常车辆告警（包含前方静止/慢速车辆）
	V2I	道路危险状况提示
	V2X	道路施工告警
	V2I	协作式自动巡航驾驶（危险路段、道路湿滑、大风、大雾、前方事故等）
	V2I	协作式高速公路车辆自动系统（直线）
	V2V	前向碰撞预警
	V2V	汇入主路辅助/碰撞告警
	V2V/V2I/V2N	紧急车辆提示
	V2P[3]	非机动车（电动车、自行车等）横穿预警/行人横穿预警
	V2I	道路湿滑/危险路段提醒（大风、大雾、结冰等）
	V2V	左转辅助/告警
	V2I	闯红灯（黄灯）告警

注：1. V2V（Vehicle to Vehicle，车车通信技术）。
　　2. V2I（Vehicle to Infrastructure，车路通信技术）。
　　3. V2P（Vehicle to Pedestrian，车辆与行人通信技术）。

1. 前方静止车辆告警

场景描述：车辆行驶时周期性对外广播本车的位置、速度、方向、加速度等信息。当出现故障抛锚、事故、施工、拥堵或其他人为因素导致停车时，车辆成为静止车辆（A）。后方车辆（B）根据车辆（A）发出的消息内容识别出其属于静止车辆，如果发现静止车辆（A）处于车辆（B）前方的行驶路线上，且可能造成追尾事故，则车辆（B）会产生本车告警。同时，如果路边有路侧设备检测到车辆（A）为非正常停车状态，则对外广播该静止车辆的信息，以提醒更多的车辆。前方静止车辆告警如图 4-1 所示。

图 4-1　前方静止车辆告警

预期效果：该场景下，基于通信的汽车主动安全系统可以降低静止车辆在道路上停车时，后方车辆因视线不佳（例如雾天、弯道、遮挡等）或驾驶注意力不集中、驾驶员距离速度估计错误等因素引发交通事故的风险。

2. 前方慢速车辆告警

场景描述：车辆行驶时周期性对外广播本车的位置、速度、方向、加速度等信息，当出现路政维修、拥堵、牵引故障机动车、车辆维修或其他人为因素导致行驶速度低于一定门限时，车辆成为慢速车辆（A）。后方车辆（B）根据慢速车辆（A）发出的消息内容识别出其属于慢速车辆，如果发现慢速车辆（A）处于车辆（B）的前方行驶路线上，且可能造成本车发生追尾事故（例如本车运动速度较高），则后方车辆（B）会产生本车告警。前方慢速车辆告警如图 4-2 所示。

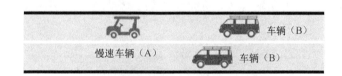

图 4-2　前方慢速车辆告警

预期效果：该场景下，基于通信的汽车主动安全系统可以降低因驾驶员视线受限（例如雨雪雾因素、其他车辆遮挡等）、驾驶员分心、驾驶员距离速度估计错误等因素引发交通事故的风险。

3. 紧急制动预警（紧急电子刹车灯告警）

场景描述：当车辆（A）紧急制动时，车辆对外广播本车的位置、速度、方向、加速度、紧急制动等信息。后方车辆（B）识别消息内容，若车辆（A）处于车辆（B）的前方行驶路线上，且可能造成追尾事故，则后方车辆（B）会产生本车告警。紧急制动预警（紧急电子刹车灯告警）如图 4-3 所示。

图 4-3　紧急制动预警（紧急电子刹车灯告警）

预期效果：该场景下，基于通信的汽车主动安全系统可以降低因驾驶员视线受限（例如雨雪雾因素、其他车辆遮挡）、驾驶员分心等因素引发交通事故的风险。

4. 逆向超车提示

场景描述：车辆行驶时周期性对外广播本车的位置、速度、方向、加速度等信息，在符合道路交通法规的情况下，当驾驶员试图借对向车道进行超车时，如果欲逆向超车车辆（B）判断对向车道安全距离内有行驶车辆（A），从而造成车辆（B）无法及时完成超车甚至引发碰撞事故，则欲逆向超车车辆（B）会产生本车告警；如果欲逆向超车车辆（B）判断对向车道安全距离内不存在行驶车辆（A），则欲逆向超车车辆（B）开始超车，并对外广播自己的超车状态，以提醒其他车辆注意。车辆（A）接收并识别出车辆（B）逆向超车后，及时采取避险措施。逆向超车提示如图 4-4 所示。

图 4-4　逆向超车提示

预期效果：该场景下，基于通信的汽车主动安全系统可以降低因驾驶员视线受限（例如雨雪雾因素、其他车辆遮挡）、驾驶员距离速度估计错误等因素引发交通事故的风险。

5. 逆向行驶告警

场景描述：车辆（A）在车道上逆向行驶时，对外广播本车的车辆标识、位置、速度、方向等信息,周边车辆(B)收到车辆(A)逆向行驶的告警消息后,产生本车告警,提示驾驶员及时采取避险措施。告警消息包括逆向行驶车辆标识、位置、速度、方向等。逆向行驶告警如图 4-5 所示。

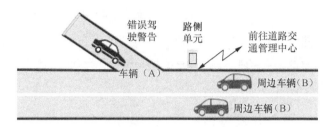

图 4-5　逆向行驶告警

预期效果：该场景下,基于通信的汽车主动安全系统可以降低逆行导致的车辆碰撞的风险。

6. 盲区告警 / 换道辅助

场景描述：车辆行驶时周期性对外广播本车的位置、速度、方向、加速度等信息。当驾驶员试图进行换道操作时,如果欲换道车辆(A)发现该车道侧方盲区或侧后方区域存在快速驶近的车辆(B),从而可能造成碰撞事故,则欲换道车辆(A)产生本车告警,提示驾驶员不要进行换道操作;如果欲换道车辆(A)判断可以安全换道,则开始换道并对外广播本车的换道状态,提醒其他车辆注意。换道决策辅助提示如图 4-6 所示。

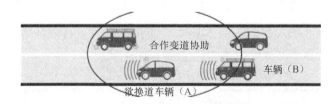

图 4-6　换道决策辅助提示

预期效果：该场景下,基于通信的汽车主动安全系统可以降低因驾驶员视线受限(视野盲区、车辆遮挡等)、驾驶员分心、驾驶员距离速度估计错误等因素引发交通事故的风险。

7. 交叉路口碰撞告警

场景描述： 车辆行驶时周期性对外广播本车的位置、速度、方向、加速度等信息，当车辆（A）和车辆（B）从不同方向[例如，车辆（A）从南向北，车辆（B）从东向西]准备通过无交通信号灯控制的交叉路口时，车辆（A）（B）相互识别到对方的消息后，判断并提醒驾驶员路口碰撞风险，让驾驶员谨慎驾驶。在无线信号遮挡的路口，可以设置路侧设备，当路侧设备检测到路口有碰撞风险时，需要广播交叉路口碰撞告警。交叉路口碰撞告警如图4-7所示。

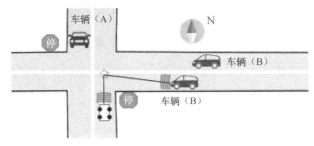

图4-7　交叉路口碰撞告警

预期效果： 该场景下，基于通信的汽车主动安全系统可以降低车辆从不同方向同时通过未设置交通信号灯的路口发生的碰撞风险。

8. 异常车辆告警

场景描述： 车辆行驶时周期性对外广播本车的位置、速度、方向、加速度等信息。车辆出现爆胎、转向失控、制动系统失灵、定速巡航锁死、车轮跑偏等异常时，成为异常车辆（A），异常车辆（A）对外广播当时的状态。其他车辆（B）根据收到的消息内容识别出异常车辆（A），且可能影响本车行驶路线，其他车辆（B）产生本车告警提醒本车驾驶员注意。异常车辆告警如图4-8所示。

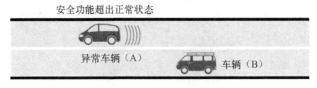

图4-8　异常车辆告警

预期效果： 该场景下，基于通信的汽车主动安全系统可以将车辆内部的故障/失控等信息及时对外广播，便于周边车辆迅速避让，降低单一车辆失控导致的连环碰撞等次生事故的风险。

9. 道路危险状况提示

场景描述： 当道路存在危险状况（例如桥下存在较深积水、路面有深坑、道路湿滑）时，若车辆（A）自动或通过人工发现这些危险状况，可通知其他车辆（B），其他车辆（B）根据信息提前进行相应的准备。这些消息包括道路危险状态位置、道路危险类型、危险描述等。后方车辆识别到消息后，及时采取避让措施，避免发生事故。道路危险状况提示如图 4-9 所示。

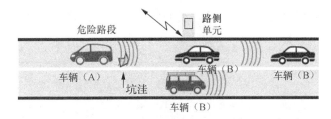

图 4-9 道路危险状况提示

预期效果： 该场景下，基于通信的汽车主动安全系统可以将道路危险状况及时通知给其他车辆，便于周边车辆提前采取措施，提高车辆对危险路况的感知能力，降低驶入该危险区域的车辆发生交通事故的风险。

10. 道路施工告警

场景描述： 当前方道路施工时，附近路侧设备或临时路侧设备对外广播道路施工告警信息，包括道路施工位置、施工范围、施工原因等。后方车辆识别到告警信息后，及时减速避让，防止发生事故。

预期效果： 该场景下，基于通信的汽车主动安全系统可以降低道路施工时，后方车辆因驾驶员视线受限（视野盲区、车辆遮挡等）、驾驶员分心、驾驶员距离速度估计错误、减速避让不及等因素引发交通事故的风险。

11. 协作式自动巡航驾驶

场景描述： 通过车车之间的通信，可以获取前方车辆和道路的动态信息，以增强车辆自动巡航控制性能。协作式自动巡航驾驶如图 4-10 所示。

图 4-10　协作式自动巡航驾驶

12. 协作式高速公路车辆自动系统（直线）

场景描述：在高速路上呈一条线的车辆，通过车与车之间的通信，并利用定位等信息，可以实现自动控制，减少驾驶员的驾驶行为。协作式高速公路车辆自动系统（直线）如图 4-11 所示。

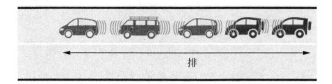

图 4-11　协作式高速公路车辆自动系统（直线）

13. 前向碰撞预警

场景描述：基于车车通信，当后方车辆在车道上行驶，与在同一车道的前方车辆存在追尾碰撞危险时，前方车辆通过预警提醒后方车辆驾驶员或者直接控制车辆以避免前向碰撞。前向碰撞预警如图 4-12 所示。

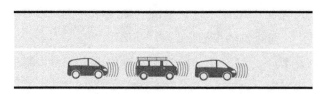

图 4-12　前向碰撞预警

14. 汇入主路辅助 / 碰撞告警

场景描述：当车辆在主路行驶到主路和匝道的汇入口时，如果匝道有车辆汇入主路，且存在碰撞危险，车辆会通过预警提醒本车驾驶员对车辆进行控制以免碰撞。当车辆在匝道行驶到主路和匝道的汇入口时，如果主路上有车辆行驶，且存在碰撞危险，车辆会通过预警提醒本车驾驶员或者直接对车辆进行控制以免碰撞。汇入主路辅助／碰撞告警如图 4-13 所示。

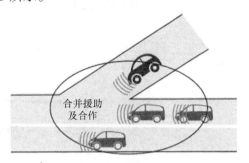

图 4-13　汇入主路辅助／碰撞告警

15. 紧急车辆提示

场景描述：在主车行驶过程中，让行高优先级车辆，可以实现社会车辆让行消防车、救护车、警车和紧急呼叫车辆。通过紧急车辆信号优先权实现交通控制节点（例如信号灯配时参数）的动态调整，为紧急车辆提供通过交叉路口的优先权。

16. 非机动车横穿预警／行人横穿预警

场景描述：基于车与人之间的通信，当主车在车道上行驶，主车的前方突然出现横穿的行人时，应用系统将会对驾驶员和行人发出预警，主车采取制动措施，避免发生碰撞。非机动车横穿预警／行人横穿预警如图 4-14 所示。

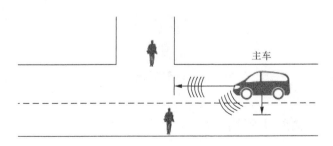

图 4-14　非机动车横穿预警／行人横穿预警

17. 道路湿滑／危险路段提醒

场景描述： 路侧设备收到在其监控范围内的道路有湿滑、结冰、大风、大雾等危险信息后，将广播道路危险预警信息，通信距离范围内的车辆收到信息后，根据车辆行车状况向驾驶员发出提醒，以减少潜在的道路事故发生。道路湿滑／危险路段提醒如图 4-15 所示。

图 4-15　道路湿滑／危险路段提醒

18. 左转辅助／告警

场景描述： 基于车车通信，本车在交叉路口左转时，若与对向驶来的远车存在碰撞危险，则本车会通过预警提醒本车驾驶员或者直接对车辆进行控制以免碰撞。左转辅助／告警如图 4-16 所示。

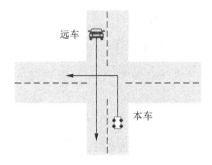

图 4-16　左转辅助／告警

19. 闯红灯（黄灯）告警

场景描述： 路侧单元监测到路口有车辆闯红灯（黄灯）后，将对范围内的所有车辆发送车辆危险预警信息，以减少在路口发生碰撞事故的可能性。闯红灯（黄灯）告警如图 4-17 所示。

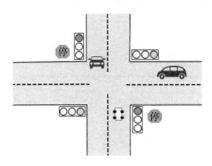

图 4-17　闯红灯（黄灯）告警

4.2.4　交通效率提升类应用场景

交通效率提升类应用场景见表 4-9。

表 4-9　交通效率提升类应用场景

应用场景	通信方式	应用名称
交通效率提升类	V2I	道路限速提醒
	V2I	交通灯提醒
	V2I	交通信息及路线推荐
	V2I	增强的路线指引和导航
	V2I	专用道路管理
	V2I	限行管理
	V2I	车载标识
	V2V/V2I/V2N	车速引导

1. 道路限速提醒

场景描述：在限速路段，路侧单元周期性地广播道路的限速信息。道路限速提醒如图 4-18 所示。

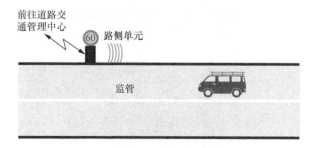

图 4-18　道路限速提醒

2. 交通灯提醒

场景描述：交通灯周期性地向周围广播交通灯位置、变换到下一个状态所需的时间等相关信息。交通灯提醒如图 4-19 所示。

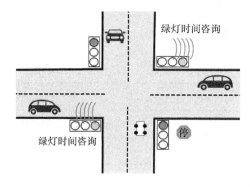

图 4-19　交通灯提醒

3. 交通信息及路线推荐

场景描述：路侧单元周期性地广播一些交通状况（例如交通拥堵状况等），并推荐线路。交通信息及路线推荐如图 4-20 所示。

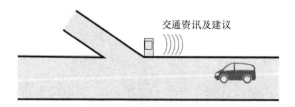

图 4-20　交通信息及路线推荐

4. 增强的路线指引和导航

场景描述：路侧单元接入互联网，并周期性地向周围广播其能力信息，向路过或停在周围的车辆提供互联网服务，使车辆能够根据自己的需求获取最优路径信息或其他信息。增强的路线指引和导航如图 4-21 所示。

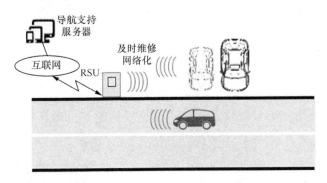

图 4-21　增强的路线指引和导航

5. 专用道路管理

场景描述：路侧单元周期性地广播专用线路的相关信息（例如公交车多久会到达等），车辆可以根据情况决定是否使用专用道路。专用道路管理如图 4-22 所示。

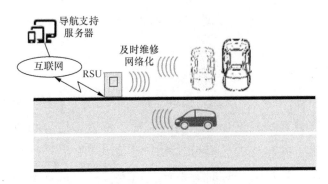

图 4-22　专用道路管理

6. 限行管理

场景描述：路侧单元周期性地广播道路限行和推荐路线等信息，非授权车辆可以根据情况选择绕行路线。限行管理如图4-23所示。

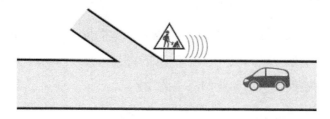

图4-23　限行管理

7. 车载标识

场景描述：路边基础设施将交通标识信息发送给经过的车辆，以提醒驾驶员遵守相关规定（例如禁止左转等）。车载标识如图4-24所示。

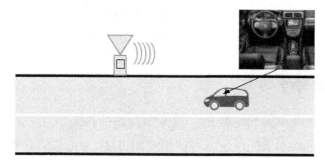

图4-24　车载标识

8. 车速引导

场景描述：交通信号灯向车辆广播信号灯配时信息、当前所处相位及当前相位剩余时间，再由车载终端根据当前车辆的速度、位置、信号相位剩余时间，计算出合适的行驶速度，并向驾驶员提示。本应用适用于有信号灯交叉路口的城市及郊区，有助于驾驶员接近信号灯时调整行驶速度，提高车辆不停车通过交叉路口的可能性。

4.2.5　信息服务类应用场景

信息服务类应用场景见表4-10。

表4-10 信息服务类应用场景

应用场景	通信方式	应用名称
信息服务类	V2I	服务信息广播
	V2I	自动停车引导及控制
	V2I	本地电子支付
	V2I/V2N	SOS[1]/eCall[2] 业务
	V2I/V2N	车辆被盗/损坏报警
	V2I/V2N	车辆远程诊断/维修保养提示

注：1. SOS 是国际摩尔斯电码救难信号。
2. eCall（emergency-Call，紧急呼叫）。

（1）服务信息广播

场景描述：在道路旁的商店、餐馆等服务场所安置路侧单元，并周期性地广播服务场所的服务内容，例如开业时间、等待时间、价格等。当车辆接近路边单元时，会自动接收广播的服务信息，为驾驶员提供便捷服务。服务信息广播如图4-25所示。

图4-25 服务信息广播

预期效果：车辆接近路侧单元时，能够自动获取广播的服务信息，并推送给驾驶员。驾驶员可以进一步与路侧单元建立点对点连接，接收更详细的服务信息。

（2）自动停车引导及控制

场景描述：在停车场入口设置路侧单元，并负责控制停车场入闸。车辆行驶到停车场入口附近时，会收到停车场的通告信息，车辆与路侧单元建立点对点连接，交互授权信息，并获得授权进入停车场。自动停车引导及控制如图4-26所示。

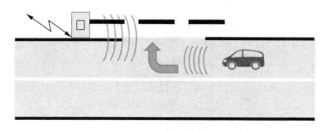

图 4-26　自动停车引导及控制

预期效果：车辆在接近停车场入口时，不需要人为干预，自动获得路侧单元的授权即可进入停车场。

（3）本地电子支付

场景描述：路侧单元发布和地理位置或者兴趣消息相关的信息，并具有能力处理来自车辆的本地电子支付请求（例如电子钱包等），并最终协助驾驶员完成商品购买或者支付服务费用，例如停车费用、汽车租赁等。本地电子支付如图 4-27 所示。

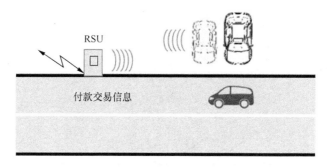

图 4-27　本地电子支付

预期效果：驾驶员可以自动完成与车辆位置相关的费用支付，而不需要任何人工操作，为驾驶员带来便利。

（4）SOS/eCall 业务

场景描述：当车辆出现紧急情况时（例如车上安全气囊引爆或六轴传感器检测到车辆发生侧翻），能够自动或手动通过网络发起紧急呼叫，并向救援服务提供方发送基础数据信息，包括但不限于发生交通事故的时间和确切地点。救援服务提供方包含社会公共紧急救助体系和第三方紧急救助服务提供者。

（5）车辆被盗 / 损坏报警

场景描述：车辆盗抢检测系统一旦被触发（例如引擎盖、车门、后备厢被以非正常方式打开或有人入侵车内），服务中心经确认后，通过电话或短信等通知车主。

（6）车辆远程诊断/维修保养提示

场景描述：车载系统采集车身数据信息，将相关信息根据需要上传到车辆管理平台，管理平台分析车辆数据判断车辆状况，远程修复实施故障，并向车主提供无法消除的故障或车辆的维修保养信息，以提示车主及时维修车辆。

4.3 MaaS

4.3.1 概念

出行即服务（Mobility as a Service，MaaS）是基于已有的交通方式，利用技术综合匹配乘客出行的时间成本、金钱成本和对环境的影响，采用一种或多种交通方式服务乘客空间位置移动的"一站式"出行服务方式。简单来说，理想化的 MaaS 平台打通了火车、地铁、公交车、出租车、共享汽车、共享单车等多种交通方式之间的壁垒。

MaaS 回归到客运出行的本源——为了解决乘客从 A 地到 B 地的移动。在解决人的移动的途径上，MaaS 主要采用了多交通方式推荐和打通支付的手段。

MaaS 平台以自动驾驶运力为先行示范，融合传统公共交通出行方式，toC[1] 提供出行服务，toB[2] 提供运营服务，toG[3] 提供监管服务。

4.3.2 背景与必要性

《广东省数字交通"十四五"发展规划》指出，由点及面推广 MaaS 应用，鼓励珠三角地区城市积极推进建立联程客运服务示范点，积极引导立体换乘、同台换乘，打通区域、跨方式交通出行数据，实现"一卡通行""一票到家"。

目前，我国城市居民出行对于私家车过于依赖，这与私家车使用成本低、公共交通竞争力弱有关，但关键在于不同出行方式之间的界面尚未打通、公共交通运营调

---

1 toC（to Consumer，面向消费者）。
2 toB（to Business，面向企业）。
3 toG（to Government，面向政府）。

度费时费力、数字化程度低、创新能力不足、公共交通出行性价比欠佳、运力规划缺少依据及全链路监管手段缺少等。

不同视角的 MaaS 需求各有不同。政府希望增强交通感知、强化出行监管、提升交通治理能力；运营公司希望提升运营效率、降低成本并增加收入；出行用户希望出行更方便、服务更高效、收费更合理、缴费更便捷。

4.3.3 车队管理平台

车队管理平台实现了对车辆电子档案的建立，从集成、交付、测试、运营、维保、报废全流程对车辆进行管理。该平台支持 MaaS 车队各类车型（包括自动驾驶出租车、小型公交车、自动驾驶公交车、共享单车、零售车、清扫车、巡逻车等）的各类基础资源及运营任务维护与管理，例如，MaaS 运营的车辆、安全员信息管理，区域、站点、线路管理，运营任务及车辆使用管理，车辆运维及空中激活（Over the Air，OTA）管理。

4.3.4 运营管理平台

运营管理平台可获取用户出行偏好，绘制用户画像，对各终端接入的出行用户进行定制化策略运营，精准管理，高效触达，实时掌握出行用户的动态。

运营管理平台负责 MaaS 出行用户的信息管理和订单管理，与 App、HMI 车型及模型配置相关的终端管理，与支付定价、运营活动相关的营销配置管理。

4.3.5 监控调度平台

监控调度平台能够全局展示全量车型和用户的状态，对实时问题进行识别预警，对历史问题进行追溯回放，构建决策者的全局视角，便于提升车队调度与管理效率。

监控调度平台负责 MaaS 车队及运营区域的可视化监控、运营数据统计、车辆看板、车辆报警、热力回放、视频监控等。根据对历史热力图的分析，该平台可以智能化精准调度车辆，匹配用户需求。

4.3.6 数据服务平台

数据服务平台通过可视化图表及交互分析能力，可有效助力 MaaS 车队管理及运营业务决策。针对 MaaS 运营的数据大屏和运营报表展示，结合百度地图、高德地图等多元数据建立出行评价指标体系，根据历史数据进行分析，辅助规划和调度决策。

4.3.7 用户出行终端

用户出行终端根据用户预约或实时发送的出行需求，为用户匹配出租车、公交车、地铁、共享单车等出行方案，并引导用户接受服务。终端入口包括 App、手机小程序、地图，为运营区域内的用户提供"一站式"出行服务，通过一个终端入口预约各类车型，并统一支付。用户出行终端如图 4-28 所示。

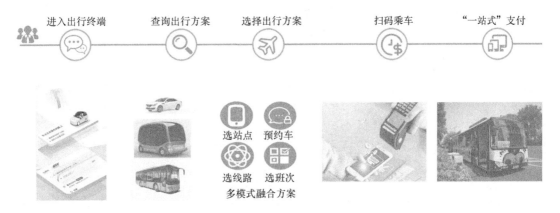

图 4-28　用户出行终端

4.3.8 智能调度引擎

自动驾驶车队调度引擎可对出租车、公交车、地铁、共享单车等各类车型进行融合调度管理，通过需求预测、动态规划和实时决策，精准匹配用户需求所对应的出行方案，提升用户出行体验与车队运营效率。

4.4 本章小结

本章从交通管理、车路协同、MaaS 3 个方面对数字道路应用场景做了详细分析和阐述，探讨了数字道路在提升交通管理水平、促进智能网联和自动驾驶发展、优化公众出行等方面的价值，为数字道路建设方案的提出奠定了场景基础。

第 5 章
数字道路建设指南

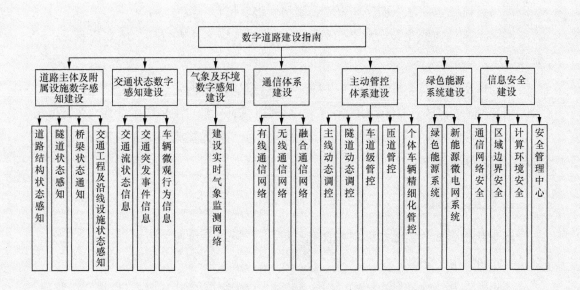

5.1 道路主体及附属设施数字感知建设

5.1.1 建设原则

高速公路全要素感知宜采用数字化、智慧化感知手段，感知建设工程过程状态、基础设施状态、交通状态、环境状态及重点区域状态，从而构建多维度全息泛在感知体系，实现对高速公路建设、管理、养护、运营、服务等过程的全面支撑。

感知设备应针对不同工程基础设施的特点，根据公路智慧等级采用自动化、智能化设备。感知设备应配置兼容性接口及通信协议，以便联网接入监测数据。

对设置状态感知的桥梁、隧道、道路等构造物应构建信息模型，建立数字档案库，使其具备基础设施全生命周期管理、维护及可视化展示能力。

5.1.2 建设内容

1. 道路结构状态感知

道路结构状态感知主要包括高边坡监测、路基结构健康监测和路面健康监测。

高边坡监测包含地下水位、裂缝、倾斜变形、位移、沉降等。

路基结构健康监测包含地表沉降、路堤分层沉降、地表位移、地基位移、土压力和水压力等。

路面健康监测包含路面裂缝、车辙、坑槽、表面破损等。

道路结构状态感知宜采用测斜仪、位移计、沉降计、水压力监测器、动态称重传感器等多种监测设施联合部署，可结合视频分析、激光检测、高分遥感等技术，实时获取道路健康状态信息。

2. 隧道状态感知

隧道状态感知的主要指标项包含能见度、CO 浓度、风速、风向、亮度、火灾、交通事件和结构安全等。

隧道状态感知涵盖裂缝监测、渗漏水监测、衬砌起层监测、路面与仰拱隆沉监测。其中，裂缝监测包含错台位置、位移、边仰坡变形等；渗漏水监测包含水质、水压力等；

衬砌起层监测包含周边位移、拱顶下沉、衬砌应力；路面与仰拱隆沉监测包含路面隆沉、仰拱隆沉、墙角隆沉、位移等。

隧道结构安全监测应根据隧道类型确定。水下隧道主要监测渗漏、轴向拉压变形、竖向错位变形、水平错台变形、重点断面结构应力等；山岭隧道主要监测渗漏、水平收敛、沉降变形、特殊地层或重点断面结构应力等。

隧道状态感知宜采用裂缝计、位移计、应变计、测斜仪、水压力监测器等多种监测设施联合部署，可结合视频分析、激光测距、机器人测量、高精度定位等技术，实时获取隧道健康状态信息。

3. 桥梁状态感知

桥梁状态感知应对交通运输部规定的公路长大桥梁及特大、特殊结构、特别重要的桥梁进行感知，监测设备布设于易损部位、结构控制部位和损伤敏感部位等。

桥梁状态感知主要包括桥梁环境监测、作用监测、结构响应监测和结构变化监测。环境监测包含环境温度和环境湿度；作用监测包含车辆荷载、风荷载、结构温度、船舶撞击、地震等；结构响应监测包含位移、转角、应变、索力、支座反力、振动等；结构变化监测包含基础冲刷、裂缝、腐蚀、断丝、螺栓紧固力等。

桥梁状态感知宜采用温/湿度传感器、应变传感器、力传感器、位移计、振动传感器、非接触式挠度监测仪等多种监测设施联合部署，可结合人工智能、高精度定位、窄带物联网技术，实时获取桥梁健康状态信息。

4. 交通工程及沿线设施状态感知

对交通工程及沿线设施状态的感知可以分阶段进行。

第一阶段：应对摄像头设备设置状态监测系统。

第二阶段：应对摄像头、可变信息情报板、信号灯、车道指示标志等重点关键设备设置状态监测系统，宜对重点路段的交通安全标志护栏设置状态监测系统。

第三阶段：应对全部机电设备（包括传统机电设备和毫米波雷达、边缘计算设备设施、雷视融合设备、一体化智慧杆等智慧高速机电设备）及重点路段交通安全标志护栏设置状态监测系统。

机电设备设施状态感知宜采用智能监测、窄带物联网（Narrow Band Internet of

Things、NB-IoT）、边缘感知等技术，对供电状态、通信状态、防雷器状态等进行实时监测。

交通设施感知宜采用视频检测、RFID、光纤传感等技术，对标志护栏倾斜、位移、变形等状态进行实时监测。

5.1.3 部署方案

1. 道路结构状态感知部署方案

边坡坍塌监测设备主要布设在路基挖方高边坡和不良地质、特殊岩土地段的挖方边坡处。

路基沉降监测设备主要布设在高填方路基和特殊地基。

路面动荷载监测设备主要布设在重载交通流量大的路段。

2. 隧道状态感知部署方案

- 隧道安全提升系统应加强 LTE-V2X、4G/5G、NB-IoT、LoRa 等通信技术的应用，3000m 及以上隧道宜增设无线通信设施，实现隧道内出行服务、交通管理、应急救援、结构检测等业务全覆盖。

- 隧道安全提升系统应提高隧道内的卫星定位信号精度，5000m 及以上隧道宜设置隧道扩展定位系统。

- 隧道安全提升系统应加强应急处置，1000m 及以上隧道应设置入口管控、逃生设施。隧道安全提升系统应加强疲劳驾驶提醒，3000m 及以上隧道应设置轮廓照明、警示诱导灯。

- 宜在隧道上行和下行通道内各设置电子标签，控制器芯片宜粘贴至隧道起始里程 5m~10m 处，从行车方向右侧检修道标高往上 180cm~200cm 的内墙上。

隧道出入口和隧道内的部署方案见表 5-1。

表 5-1 隧道出入口和隧道内的部署方案

部署位置	布设设备及情况	考虑因素
隧道出入口	布设交通流检测设备和交通事件检测器，宜布设边缘计算单元，具有多源数据接入及本地计算能力	构造物、设备遮挡、驾驶员视野、供电接地、挖方填方等问题

续表

部署位置	布设设备及情况	考虑因素
隧道内	按实际情况加密布设交通流检测设备、视频监控设备，交通事件检测设备布设间隔应不大于150m。 视频监控设备应从距入口（以隧道洞口顶部为基准）2m～5m处采用100m～150m的布置间距，实现无盲区监控。 拐弯处、长下坡区段应加密设置，宜布设边缘计算单元，具有多源数据接入及本地计算能力。 布设车路协同设施、可变信息情报板，提供安全预警信息	隧道弯度、坡度、净空、设备遮挡等问题

3. 桥梁状态感知部署方案

对交通运输部规定的"三特"（特大、特殊结构、特别重要）桥梁、公路在役和在建单孔跨径500m以上的悬索桥、单孔跨径300m以上的斜拉桥、单孔跨径160m以上的梁桥和单孔跨径200m以上的拱桥进行桥梁状态监测。

在桥梁起点信息公示牌立杆上（距离地面约1.8m～2m）或者桥梁起点防护栏外侧（无标志标牌时）设置电子标签。宜在涵洞和通道正上方位置设置电子标签，电子标签宜粘贴至涵洞正上方道路防撞护栏背侧的立杆上，从路堤标高往上60cm～80cm，实现对基础信息和维护信息等的记录。

与桥梁结构健康监测相关的传感器应部署在桥梁结构体相应的关键部位，对应的数据采集、传输、存储、处理及本地的预警与结构评估软件等应部署在当地的桥梁管理单位。

桥梁结构健康监测设施由健康监测传感器、数据采集与传输设备、数据存储与处理设施、数据预警与结构评估软件构成。

健康监测传感器包括环境监测、外部荷载监测与结构响应监测3类，应具备桥梁环境参数、外部荷载及结构各类响应的数据获取功能。

数据采集与传输设备包括采集设备、传输设备，应实现不同种类传感器的数据同步采集与传输功能，且具备与上级管理部门数据同步的功能。

数据存储与处理设施包括数据预处理系统、本地数据库、数据管理系统，应具备桥梁结构健康监测信息归档、查询、存储、管理等功能。

数据预警与结构评估软件应具备实时数据在线显示和预警功能。

4. 交通工程及沿线设施状态感知部署方案

交通工程可基于物联网、机器视觉等技术，布设能够智能监测交通安全设施状态的相关设备。

交通工程可采用智能综合箱对机电设备的运行状态进行监测，智能综合箱可与路侧机电设备共同布设，共杆的机电设备宜采用同一个智能综合箱。

路面传感器（遥测式）、气压传感器等，应根据各类传感器的安装要求，在公路交通气象观测站支架上或使用独立支架进行安装。

5.2 交通状态数字感知建设

5.2.1 建设原则

各类感知设施应尽可能地集中布设，利用边缘计算设施、雷达+DSRC、雷达+视频、人工智能分析技术等开展数据拟合，实现融合感知和主动预警。

各类感知设施在安装时应优先利用现有ETC门架、路侧杆件及供电系统，新建项目宜采用智慧杆综合统筹相关设备的安装。

边缘计算设施应满足以下要求。

● 具备对2种或2种以上感知设施采集的数据进行融合分析和处理的能力。

● 具备远程管控与运维的能力，能在后端对各类感知设施的状态进行监测，远程配置设备参数。

5.2.2 建设内容

交通状态数字感知内容包括交通流状态信息、交通突发事件信息、车辆微观行为信息。

1. 交通流状态信息

交通流状态信息包含交通量、速度、占有率、车辆类型、车辆长度等，支持按车道统计交通参数信息。

- 断面交通量检测精度≥95%。
- 平均速度检测精度≥95%。
- 时间/空间占有率检测精度≥90%。
- 车辆类型检测精度≥90%。
- 车辆长度检测精度≥90%。
- 交通参数监测设备宜在交通流量大、事故发生率高的重要路段，以及互通式立体交叉、枢纽、服务区和停车区等关键节点加密布设。

2. 交通突发事件信息

交通突发事件信息主要包含交通拥堵、异常停车、违法变道、路面污染、抛洒物等。

- 交通事件检测设备宜具有边缘计算能力，支持快速发现交通突发事件。
- 交通事件检测设备能够自动进行事件检测并输出检测结论，具备报警信息提示功能。
- 交通事件检测设备能够自动录像，可自动捕捉并存储交通事件发生过程的图像。
- 交通突发事件检测准确率超过90%，交通突发事件检测漏报率不超过5%，当系统服务于车路协同与自动驾驶时，交通突发事件检测宜定位至单个车道，检测时延小于1s。
- 交通突发事件检测设备宜在交通流量大、事故发生率高的重要路段，以及互通式立体交叉、枢纽、服务区和停车区等关键节点加密布设。

3. 车辆微观行为信息

车辆微观行为信息主要包含车辆身份信息、实时定位信息、运行状态信息、行驶轨迹信息等。

- 车辆身份信息、实时定位信息、运行状态信息、行驶轨迹信息等数据的上传时间间隔宜小于5s。
- 可通过人工智能、图像识别、DSRC等技术实现车辆运行监测。
- 针对"两客一危"车辆、公路巡检车辆、清扫车辆等，宜进行连续的行驶轨迹监测。
- 宜在服务区出入口设置车牌识别检测设备。
- 宜在区间测速路段上下游设置车牌识别检测设备。

- 宜在互通枢纽之间设置 ETC 门架设备。

5.2.3 部署方案

数字道路路侧交通信息监测设备包括但不限于交通流检测设备、车牌识别检测设备、交通事件检测设备、RSU 设备等移动信息采集设备。

1. 交通流检测设备布设

交通流量大（服务水平三级及以下）、事故发生率高（年均每千米事故数超过 20.3 起）的路段设备布设间距宜在 0.5km～1km。

交通流量大（服务水平三级及以下）或事故发生率高（年均每千米事故数＞20.3 起）的路段设备布设间距宜在 1km～2km。

交通流量小（服务水平二级及以上）、事故发生率较低（年均每千米事故数≤20.3 起）的路段，宜根据实际情况，设备布设间距宜在 2km～3km。

数字道路互通式立体交叉、枢纽、服务区和停车区等出入口匝道位置应设置交通流检测设备。

2. 车牌识别检测设备布设

数字道路行程时间计测区间的所有车道都应设置车牌识别检测设备。

服务区出入口应设置车牌识别检测设备。

数字道路沿线特大桥、大桥或特长隧道、长隧道的上游路段，宜设置车牌识别检测设备。

易拥堵、易发生重特大突发事件的路段应设置车牌识别检测设备，易拥堵路段设备布设间距宜为 3km～5km。

3. 交通事件检测设备布设

交通流量大（服务水平三级及以下）且事故发生率高（年均每千米事故数＞20.3 起）的路段道路两侧，宜按 0.4km～0.6km 的间距设置 1 处交通事件感知点位，每处设置 1 个遥控摄像头和 2 套交通事件检测设备。

交通流量大（服务水平三级及以下）或事故发生率高（年均每千米事故数＞

20.3 起）的路段道路两侧，宜按照 1km 的间距设置 1 处交通事件感知点位，每处设置 1 个遥控摄像头和 2 套交通事件检测设备。

交通流量小（服务水平二级及以上）且事故发生率较低（年均每千米事故数≤20.3 起）的路段两侧，宜按照 1.5km～2km 的间距设置 1 处交通事件感知点位，每处设置 1 个遥控摄像头和 2 套交通事件检测设备。

数字道路互通式立体交叉、枢纽、收费广场、服务区和停车区等路段应在高点设置全景摄像头。

数字道路出入口匝道、避险车道、转弯半径较小路段、长下坡路段、隧道口、桥隧相接处、桥下空间等特殊部位应设置交通事件感知点位。

4. RSU 设备布设

数字道路互通式立体交叉出入口匝道、服务区出入口、隧道出入口等特殊位置，重特大交通突发事件易发、恶劣天气频发等路段宜设置 RSU 设备。

交通流量大（服务水平三级及以下）、事故发生率高（年均每千米事故数＞20.3 起）的路段宜按照 0.5km～1km 的间距设置 RSU 设备。

交通流量大（服务水平三级及以下）或事故发生率高（年均每千米事故数＞20.3 起）的路段宜按照 1km～2km 的间距设置 RSU 设备。

交通流量小（服务水平二级及以上）且事故发生率较低（年均每千米事故数≤20.3 起）的路段，宜根据实际情况，按照 2km～5km 的间距设置 RSU 设备。

在满足功能要求的前提下，RSU 设备布设位置的选择应尽量利用既有路侧设施杆件。

5.3 气象环境数字感知建设

5.3.1 建设原则

气象环境感知宜优先获取气象主管部门或专业气象服务机构发布的气象信息，当气象主管部门或专业气象服务机构提供的气象信息不满足要求时，可适当布设气象环境数字感知设施。

公路气象环境监测的主要指标包含能见度、路面温度、路面状况（干燥、潮湿、积水、结冰、积雪）、风速、风向等。

特殊地形地物、大型桥梁结构物、恶劣天气频发路段等宜布设具有针对性传感器的气象监测设施，在易发生团雾的路段宜布设能见度监测设施，在冬季易发生积水、结冰的路段宜布设路面温/湿度监测设施。

5.3.2 建设内容

在道路沿线上建设实时气象监测网络，是实现现代交通定时、定点、定量的气象监测和预报服务的基础，交通气象全要素、全路程实时化监测及防灾预警系统将是未来智慧交通系统必不可少的组成部分。

公路气象环境感知对高速公路能见度、路面温/湿度、路面状况（干燥、潮湿、积水、结冰、积雪）、风速、风向等实现气象全要素、全路程的实时监测。

隧道环境感知包含但不限于能见度、CO浓度、风速、风向、亮度、火灾等，宜采用视频检测器、能见度监测器、CO检测器、风速、风向监测设备、亮度检测器及火灾探测器等设备。

施工场地环境感知要素应包括PM2.5浓度、总悬浮颗粒物浓度、噪声值。

在路网相对密集地区应对区域路网沿线的气象监测设备进行统筹建设与综合利用。路面埋入式传感器宜布设在紧急停车道上，距离公路外侧防护栏不小于1.5m。

5.3.3 部署方案

气象环境感知内容包括路面状况（积水、积雪、结冰）、风速、风向、能见度、降雨量、相对湿度及天气现象（雾、雨）检测识别。气象环境感知设施布设建议见表5-2。气象监测设施性能指标见表5-3。

表5-2 气象环境感知设施布设建议

序号	环境	部署设施和部署要求
1	穿越山区地形的高速公路区间	在团雾易发区域部署能见度监测设施
2	跨江、跨海、跨峡谷的特大桥	部署风速、风向监测设备和能见度监测设施
3	服务水平三级及以上易积水路段	部署积水监测设施

注：参考《广东省智慧高速公路建设指南（试行）》。

表 5-3 气象监测设施性能指标

气象检测项目	监测范围	分辨率	最大允许误差
能见度	10m ~ 1000m	1m	±5%
风速	0 ~ 60m/s	0.1m/s	±2%
风向	0 ~ 360°	1°	±3°
路面温度	−50℃ ~ 80℃	0.1℃	±0.4℃
路面积水（水膜）深度、积雪层厚度、结冰层厚度	≥0.1mm	0.1mm	±0.5mm
路面湿滑系数	0.01 ~ 0.82	0.01	±0.01

注：参考《智慧高速公路路侧设施布设规范（征求意见稿）》。

5.4 通信体系建设

5.4.1 建设原则

在构建多网融合通信系统时，要对多网联通条件下的链路、带宽进行全面配置，实现高速公路通信网络和卫星通信网络、互联网等的深度融合，从而实现广覆盖、低时延、高可靠、大带宽的网络通信服务。

融合通信网络应满足建设、管理、养护、运营等业务需求，与路网的统一规划、统一标准、统一体制相结合，具备提供语音、数据、图像、视频及雷达信号等多种信息传输服务的能力。

融合通信网络应采用平台化、云化、轻量化的方案，实现网络设备的高效部署和运维，实现网络设备的高可靠运行，保证网络基础设施服务的可持续、敏捷和平滑升级。

5.4.2 建设内容

数字道路的通信网络包括有线通信网络、无线通信网络和融合通信网络，应在业务场景的基础上，对道路业务系统与其他系统之间的数据共享传输，以及与互联网平台互联互通等方面进行充分考虑，确保数字道路的通信网络与卫星通信网络、互联网的深度融合。

1. 有线通信网络

有线通信网络是指通过光传送网（Optical Transport Network，OTN）、分组传送网（Packet Transport Network，PTN）、多业务传送平台（Multi-Service Transport Platform，MSTP）等多种传输技术构成的光纤通信网络，它的通信链路要预留足够的空间，以便于将来业务的拓展。有线通信网络详情见表5-4。

表5-4 有线通信网络详情

名称	能力	相关要求
有线通信网络	根据数据传输实际需求提供信息交换通路，与交通专网、互联网等网络交换信息的能力	业务接口要求、数据接口带宽要求、稳定性等应符合《高速公路通信技术要求》（交通运输部2012年第3号公告）的相关规定

2. 无线通信网络

无线通信网络支持但不限于4G/5G、NB-IoT、RFID、DSRC、C-V2X等，应遵循安全可靠、技术成熟、国际领先的原则。无线通信网络详情见表5-5。

表5-5 无线通信网络详情

名称	能力	相关要求
无线通信网络	提供高速移动状态下的交通应用通信可靠接入，支撑交通对象及要素全IP化、主动信息推送和双向信息交互的能力	通信标准和协议应优先采用国家标准、行业标准和国际标准，无标准的可采用发达国家的工业标准

3. 融合通信网络

融合通信分为路-路通信、车-车通信、车-路通信、路-中心通信、车-中心通信等方式。

融合通信网络宜用于车路协同场景，融合卫星导航系统、4G/5G等多种通信技术实现高精度定位，保证较高的数据传输速率，满足实时传输的需求。融合通信方式的技术应用见表5-6。

表 5-6 融合通信方式的技术应用

融合通信方式	采用技术	应用范围
路–路通信	光纤、NB-IoT、Zigbee、4G/5G 等通信技术	主要用于路侧设备、站端设备之间的通信
车–车通信/车–路通信	RFID、DSRC 及 C-V2X 等通信技术	主要用于车载设备、路侧设备之间的通信
路–中心通信	光纤、OTN、软件定义广域网（Software Defined Wide Area Network，SD-WAN）等通信技术	OTN 主要应用于联网收费，实现联网收费中心至各路段中心的通信，SD-WAN 主要实现云、管、边、端通信，用于对安全性要求较高的业务，例如移动支付、ETC 门架数据传输等
车–中心通信	4G/5G 和 C-V2X 等通信技术	符合 YD/T 3335—2018《面向物联网的蜂窝窄带接入（NB-IoT）基站设备技术要求》和 YD/T 3337—2018《面向物联网的蜂窝窄带接入（NB-IoT）终端设备技术要求》的功能及性能要求或通信行业 4G/5G 蜂窝移动通信路侧设施的标准

5.4.3 部署方案

1. 有线通信网络布设

有线通信网络的回传网络部署宜采用三层组网结构。有线通信网络架构如图 5-1 所示。

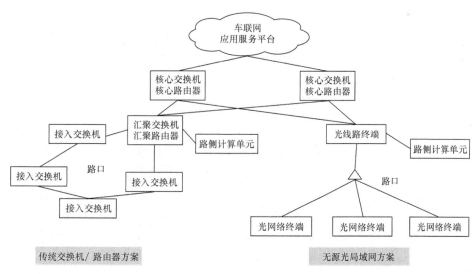

图 5-1 有线通信网络架构

有线回传网络可以采用传统交换机/路由器方案，也可以采用无源光局域网方案。

- 传统交换机/路由器方案：接入交换机负责单个点(杆)位内各路侧设备的接入，通过接入交换机接入 C-V2X、RSU、摄像头、毫米波雷达、激光雷达、可变信息情报板、气象站等。多个接入交换机和一个汇聚交换机（或汇聚路由器）组成接入光纤环网，路侧计算单元连接到环网上的汇聚交换机（或汇聚路由器）。光纤环网宜为 GE 环，如果流量需求大，可扩展为双 GE 环，当无能力组成光纤环网时，宜采用链形或星形组网。汇聚交换机（或汇聚路由器）宜通过双轨或环网的方式和核心交换机（或核心路由器）连接。

- 无源光局域网方案：宜采用光网络终端设备负责单个点(杆)位内接入 C-V2X、RSU、摄像头、毫米波雷达、激光雷达、可变信息情报板、气象站等。多个光网络终端应通过无源分光器汇聚到光线路终端。

2. 无线通信网络布设

无线回传网络采用 4G/5G 网络，应根据车联网应用服务平台部署位置，支持 C-V2X 业务数据、路侧感知数据、路侧设备运维管理数据等回传至电信运营商部署在各地市的 MEC 或业主方私有 MEC 服务器。无线通信网络架构如图 5-2 所示。

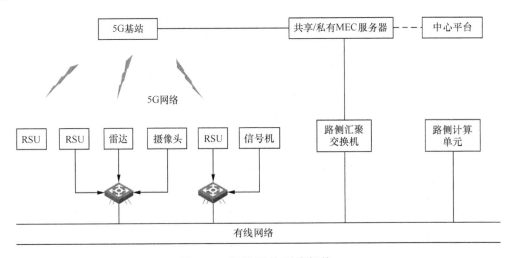

图 5-2　无线通信网络架构

3. 融合通信网络布设

高速公路系统的网络通常是以省为单位来规划建设的，可以划分为路段接入网和省干网。融合通信网络架构如图 5-3 所示。

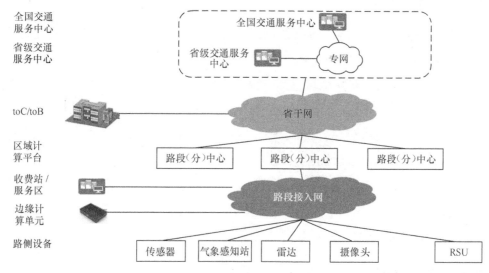

图 5-3　融合通信网络架构

路段接入网负责把路侧设备、边缘计算单元等和路段分中心互联；没有路段分中心的，直接和路段中心互联。其中，路侧设备包括 RSU、智能化路侧感知设备（各类摄像头、激光雷达、毫米波雷达等）、动态交通情报板、路侧气象感知站等，边缘计算单元可以通过对路侧设备输出的原始数据进行融合判断，提取结构化道路及目标物状态信息，实现数据的分析、处理，以支持智慧高速的各种应用。很多车路协同业务在路侧网络完成业务流程，对网络实时性和带宽要求高。路段接入网可能有多种组网模式，以支持边缘计算单元全分布或相对集中等多种部署方式。

省干网负责路段分为中心间通信互联、路段分中心到路段中心间通信互联、路段中心间通信互联、路段中心至省级交通服务中心的通信互联，以及省级交通服务中心与个人/企业（toC/toB）之间的业务通信。路段分中心之间、路段分中心到路段中心之间的车路协同业务通信有实时性要求。UU 模式[1]的车路协同信息是通过连接到企业（包括电信运营商）端的外联专线来传输的。

1　UU 模式即 UU 接口，UU 接口是位于终端与基站之间的空中接口。

5.5 主动管控体系建设

5.5.1 建设原则

主动管控体系应在路网协同指挥框架下，实现交通运行、交通救援信息在路政、交警及道路救援等单位之间的高效流转。

基于高精度地图、路网全域感知、数字孪生、交通仿真等技术，路网交通态势推演的算法体系得以构建，该体系对路网开展通行能力计算、实时交通指数分析、短时拥堵预警、节假日拥堵预测、恶劣天气拥堵预测、道路施工影响推演和交通事件影响推演，为主动交通管控提供决策支撑。

该体系基于路网交通态势推演结果，结合数字孪生技术，通过主线车道级动态调控、应急车道动态控制、个体车辆精细化管控、应急车道临时开放和伴随式信息服务等方法，有预见性地对交通开展主动管控。

5.5.2 建设内容

1. 主线动态调控

主线动态调控根据主线交通车流量和突发事件情况，利用仿真技术实现不同流量状态下的未来交通状况预测，通过发布信息、管控车道级、控制应急车道、互联网导航等手段，实现主动管控主线交通拥堵，快速缓解交通拥堵问题。

因交通突发事件引起主线交通拥堵的，应优先高效处置突发事件，快速疏通受影响的车道。

通过App、小程序或微信公众号等移动应用，搭建交通快速处理系统，实现一键救援、事故上报、信息服务等功能。

在交通瓶颈密集的区域，主线交通管控宜具备协调联动控制机制。

2. 隧道动态管控

对交通事故频发、长度大于1000m、"两客一危一重"车辆占比较高路段的隧道宜实施动态管控建设，提高隧道行车安全，提升隧道运营管理水平。

该类隧道宜通过数字孪生、BIM、C-V2X、大数据、AI等数字技术来实时动态监测和管控。

3. 车道级管控

车道级管控宜部署于车速、车流密度变化较大或因交通突发事件、极端天气存在交通拥堵问题的路段。

车道级管控可通过视频、雷达、车检器、RSU、交调站、气象站等实时获取交通量、车队结构、车流运行状态、气象、路面状态等数据。

车道级管控通过道路沿线可变信息标志、车道级高精地图导航、车道指示灯、移动（车载）终端的数字孪生交互技术等，实现包含应急车道在内的单个或多个车道开启/关闭功能，以及发布分车道可变限速信息。

4. 匝道动态管控

匝道动态管控应根据主线及匝道的交通流量或突发情况，通过仿真优选匝道管控措施，实现匝道开启/关闭功能。

宜在匝道设置主动发光式交通引导装置，其包含道路轮廓强化显示模式和行车主动引导模式，并具备接收控制系统指令动态调整工作模式的功能。

结合地图及互联网定位数据，针对多车辆的轨迹还原，形成路网全量轨迹溯源和分析，提供车辆溯源分析和出行起讫点（Origin Destination，OD）特征分析，支撑高速路匝道口上下游控制车流量，分时段管控车辆通行。

5. 个体车辆精细化管控

主动管控体系宜融合车牌识别、ETC和交通运输部"重点营运车辆动态信息公共交换平台"等数据，实时获取"两客一危一重"车辆的行驶路线、位置和车辆信息。

主动管控体系宜通过智能监测个体特种车辆、事件危险驾驶行为，根据车辆实时位置，联动可变信息情报板发布警示、引导信息。

主动交通管控场景见表5-7。

表 5-7 主动交通管控场景

序号	场景	管控策略
1	道路施工	通过可变信息情报板、导航地图，在施工区上游按"施工警示区—换道提示区—施工封闭区—施工结束区"分别对行驶车辆进行警示和引导
2	交通事故	• 通过可变信息情报板、导航地图，在事故封闭区上游按"事故警告区换道/禁行提示区—事故封闭区—事故结束区"分别对行驶车辆进行警示和引导。 • 协同交通救援、交警部门迅速对事故开展救援
3	抛洒物	• 通过可变信息情报板、导航地图，在抛洒物上游按"警告区—换道提示区—封闭区—结束区"分别对行驶车辆进行警示和引导。 • 协同路政部门快速清理抛洒物
4	异常停车	• 通过可变信息情报板、导航地图，在异常停车处上游按"异常警告区—换道提示区—异常封闭区—异常结束区"分别对行驶车辆进行警示和引导。 • 通过广播、无人机等手段，提醒车辆迅速驶离
5	交通拥堵	• 通过可变信息情报板、导航地图，在拥堵区间上游对行驶车辆进行警示和引导。 • 根据拥堵仿真模型的推演和方案建议，在拥堵区域上游的交通流入口对车辆进行分流、限流或关停，并增加下游路网的分流
6	恶劣天气	• 通过可变信息情报板、导航地图，按"警告区—恶劣气象区—结束区"分别对行驶车辆进行警示，提醒开启车灯、限速缓行。 • 发生大雾时，开启公路两侧护栏、路面、路侧上的雾天行车引导装置

5.6 绿色能源系统建设

5.6.1 建设原则

智慧高速绿色能源系统建设应积极采用低碳节能的设计方案、工艺方法、环保材料、设备设施等。

绿色能源系统宜以本地 10kV 电源为基础进行构建，包含低压直供、中压供电、交/直流远供或新能源微电网等绿色能源子系统，并通过电网数字化等技术手段进行控制和管理。

5.6.2 建设内容

绿色能源系统主要包含低压直供子系统、中压供电子系统、交/直流远供子系统。

绿色能源系统配置条件见表 5-8。

表 5-8　绿色能源系统配置条件

绿色能源系统	配置条件
低压直供子系统	电压等级低于 1kV；供电距离不超过 1.5km；供电容量低于 10kVA；适用于常规供电系统
中压供电子系统	电压等级介于 1kV 到 20kV；供电距离超过 1.5km。通过智慧升压降低传输损耗，适用于负载密布、负荷矩较大的系统
交/直流远供子系统	电压等级低于 1kV；传输距离不大于 15km；单套系统容量小于 30kVA，适用于小容量密布负载系统

新能源微电网系统应根据高速公路所在地的产业结构及资源情况，以风能、光伏系统为主要载体进行建设。新能源微电网系统配置条件见表 5-9。

表 5-9　新能源微电网系统配置条件

新能源微电网系统	配置条件
风能微电网	避免噪声及视觉污染，宜配置供电传输及维护成本高、风能资源丰富的高速公路
光伏微电网	宜根据负载特点选取适宜的并网方案，利用路面、边坡、车棚建筑屋顶实施；隧道口光伏系统宜采用自发自用方案以缓解加强照明设施的日间供电压力

绿色能源系统应结合实际用电场景制定应急供电方案，确保机电设备在突发供电故障的情况下能快速恢复工作。

5.7　信息安全建设

5.7.1　建设原则

智慧高速公路信息安全应符合我国有关法律法规和标准的规定，满足信息系统安全保护的需求。

应基于国家保密标准构建交通信息安全体系，实现体系内应用系统之间的可信互联、安全传输和交互。

各级数据中心应绘制与当前运行情况相符的网络拓扑结构图，并根据信息系统的重要性和所涉及信息的重要程度，划分不同等级的安全域。

5.7.2 建设内容

1. 通信网络安全

通信网络应利用防火墙、密码技术、可信根等在网络架构、通信传输、可信验证等方面实现安全防护。

通信网络应利用核心交换机及防火墙等关键网络设备将网络划分为不同的区域，将重要网段与其他网段进行安全隔离。

通信网络应采用校验技术或密码技术，对传输通道进行加密保护，实现外场设备接入及系统内各类数据在传输和存储过程中的保密性与完整性。

基于可信根对通信设备的系统引导程序、系统程序、重要配置参数和通信应用程序等进行可信验证，当发现它们的可信性被损害时，发出警报，并将验证结果以审核的形式发送至安全管理部门。

通信网络云平台应确保安全级别不会比它承载的业务应用系统的安全级别低，还应将不同的云服务客户之间的虚拟网络进行隔离，应具备根据客户业务需求自主设置安全策略的能力，提供开放接口或开放性。

云服务客户可以通过云平台获得第三方安全产品，也可以通过云平台选择第三方安全服务。

云平台终端与物联网或移动互联网连接，网络安全环境应满足物联网和移动互联网安全的扩展要求。

2. 区域边界安全

区域边界安全应提供边界防护、访问控制、入侵预防、恶意代码预防、安全审计等安全机制的防护能力。

云平台应在虚拟化网络边界及多个层次上分别部署访问控制机制，并设定访问控制规则，应具有对云服务客户发起的或针对虚拟网络节点的网络攻击行为、异常流量等情况的检测和报警功能。

云平台应对感知节点的安全标识进行统一管理，保证只有授权的感知节点能够接入，通过物联网安全网关等对感知节点、网关节点的通信目标地址进行限制。

3. 计算环境安全

计算环境安全主要考虑身份鉴别、访问控制、安全审计、入侵预防、恶意代码预防、数据完整性校验、数据保密性校验、数据备份恢复，以及剩余信息保护等方面的安全防护，可通过部署堡垒机、日志审计、防病毒软件、及时备份数据，以及合理的安全加固策略来实现。

云平台应针对重要业务系统提供加固的操作系统镜像或操作系统安全加固服务，确保云服务的客户数据和用户信息等存储在我国境内，保证只有在云服务客户的许可下，云服务商或第三方才具有云服务客户数据的管理权限。

云平台应通过部署防火墙具备抗数据重放能力，通过大数据处理技术，对从各个感知节点上传至云计算平台的数据进行融合处理。

云平台环境的安全应满足云计算安全扩展要求。生产经营所涉及的内部生产网络安全应满足工业控制系统安全扩展要求。

边缘侧和端侧设备应保证只有授权客户能够对其软件应用进行配置或变更，具备对连接的网关节点设备识别和鉴别的能力，在使用过程中可对关键密钥和关键配置参数进行在线更新。

4. 安全管理中心

等级保护二级及以上系统的数据中心应建设安全管理中心，建立主动安全防御体系，包含但不限于IT运维、数据采集、态势感知、情报预警、风险管理、安全分析等功能。

确保云平台的管理流量与客户业务是分离的，应在云服务商和客户之间形成清晰的安全责任边界。

部署堡垒机结合设备本身进行账户权限分配，实现最小化权限管理，并统一管理，可限制命令或对操作界面进行系统管理和审计。

云平台应部署网管系统，对网络链路、安全设备、网络设备和服务器等的运行情况进行集中监测。

云平台应部署日志审计系统，针对大量分散设备的异构日志进行集中采集、统一管理、存储、统计分析。

第 6 章
数字道路投资运营模式探讨

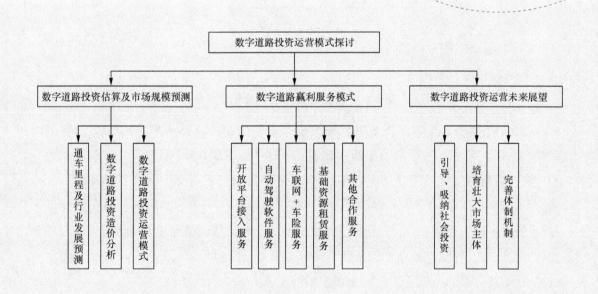

6.1 数字道路投资估算及市场规模预测

6.1.1 通车里程及行业发展预测

《2021年交通运输行业发展统计公报》显示，2021年年底全国公路总里程达528.07万千米，比2020年年底增加8.26万千米（2006年起，村道纳入公路统计里程，里程出现跳增）。我国公路里程和公路密度如图6-1所示。

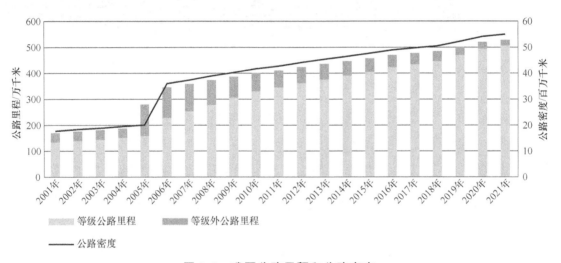

图6-1 我国公路里程和公路密度

2021年年底，全国四级及以上等级公路里程达506.19万千米，比2020年年底增加11.74万千米，占公路总里程的比重为95.9%，提高0.7个百分点。二级及以上等级公路里程达72.36万千米，较2020年年底增加2.13万千米，占公路总里程的比重为13.7%，提高0.2个百分点。高速公路里程达16.91万千米，增加0.81万千米；高速公路车道里程达72.31万千米，增加5.36万千米。等级公路比重继续提升（以四级公路为主），等级外公路里程持续下降，等级外公路向等级公路转化的趋势明显。2001—2021年我国不同等级公路里程发展情况如图6-2所示。

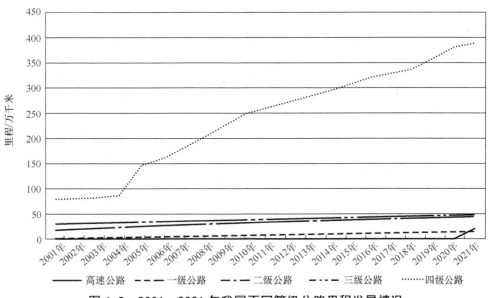

图 6-2　2001—2021 年我国不同等级公路里程发展情况

2021 年年底，我国国道里程达 37.54 万千米，省道里程达 38.75 万千米，农村公路里程达 446.60 万千米，其中，县道里程达 67.95 万千米、乡道里程达 122.30 万千米、村道里程达 256.35 万千米，村道、县道和乡道的增速较快（对应四级公路里程快速提升）。2001—2021 年我国不同行政等级公路发展情况如图 6-3 所示。

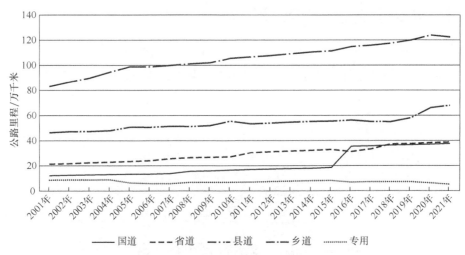

图 6-3　2001—2021 年我国不同行政等级公路发展情况

2022年1月，交通运输部印发《公路"十四五"发展规划》，明确"十四五"期间我国将新改建高速公路2.5万千米，其中新建2万千米，扩容改造5000千米，预计至2025年高速公路里程规划累计达到19万千米。东部地区以繁忙通道的扩建改造为主；中部地区在加快打通剩余待贯通路段的同时，兼顾提高重点通道的通行能力；西部地区则以建设剩余待贯通路段为主。

"十四五"期间，我国将建设改造普通国道5万千米，建设改造普通省道4.5万千米，建设改造农村公路60万千米。我国智慧公路行业市场规模情况如图6-4所示。

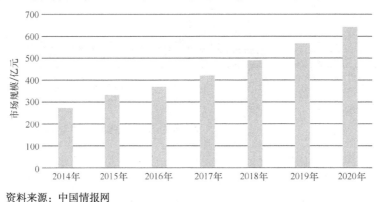

资料来源：中国情报网

图6-4　我国智慧公路行业市场规模情况

6.1.2　数字道路投资造价分析

数字道路投资造价模型按照需求、成本，以及已有规模的不同，可简单分为标准型数字道路建设和增强型数字道路建设两种。数字道路建设示意如图6-5所示。

图6-5　数字道路建设示意

标准型数字道路建设造价约为每千米 626 万元，建设内容包括信息杆柱（智慧灯杆）、车路协同系统、网络基础设施配套及智能网联信号控制系统。标准型数字道路建设造价见表 6-1。

表 6-1　标准型数字道路建设造价

标准型数字道路建设每千米 626 万元			
标准型设备	数量/套	单价/万元	总价/万元
信息杆柱（智慧灯杆）	40	6	240
车路协同系统	5	40	200
网络基础设施配套	1	10	10
智能网联信号控制系统	4.4	40	176

增强型数字道路建设造价在标准型数字道路建设基础之上每千米增加约 311 万元，增加建设内容包括智慧交通信息标示牌、智慧站台、超载超限治理系统、高精度地图系统及高精度定位系统。增强型数字道路建设增加造价见表 6-2。

表 6-2　增强型数字道路建设增加造价

增强型数字道路建设较标准型数字道路建设每千米增加约 311 万元			
增强型设备	数量/套	单价/万元	总价/万元
智慧交通信息标示牌	1	1	1
智慧站台	2	100	200
超载超限治理系统	0.25	400	80
高精度地图系统 高精度定位系统	1	30	30

数字道路建设还包括相关平台的建设，建设内容包括数据中台、大数据分析平台、AI 能力支撑平台、智能服务中心及项目实施。平台建设投资清单见表 6-3。

表 6-3　平台建设投资清单

序号	主项目	投资/万元
1	数据中台	4210
2	大数据分析平台	2278
3	AI 能力支撑平台	1978
4	智能服务中心	5831
5	项目实施	2729
	合计	17026

6.1.3 数字道路投资运营模式

1. 主要投资运营模式分析

（1）政府投资政府运营

政府投资政府运营的项目一般由政府主导建设和运营，主要适用于两种情况：一是政府管理类、公共基础类、纯公益类等不适宜市场化或者缺乏明确商业模式的项目；二是涉及国家安全或重大公共利益、不适宜由社会企业运行维护的项目。政府投资政府运营项目通常具有公益属性或保密要求，难以采用市场化手段获得商业价值，一般由财政性资金投入建设，从项目前期规划与立项，到中期实际建设落地，再到后期的运营、维护等，政府给予引导与支持。建成后的运维运营通常由政府下属的信息中心/大数据中心等事业单位负责。政府建设政府运营模式需要政府具备较强的业务运营、推广和后期维护等能力。

（2）政府投资企业运营

政府投资企业运营适用于数字道路建设中不涉及国家安全问题、具有公共服务特征和一定公益属性的项目。此类项目一般由财政资金支持，政府负责统筹规划和指导，在具体的操作方式上，可由政府直接招标/采购/委托一家或多家企业开展建设运营，或者通过政府采购平台公司/联合公司的服务后，由平台公司/联合公司委托相关企业开展建设运营等。政府投资企业运营模式可以引入专业企业开展运营，因此得到了广泛的应用。政府投资企业运营模式的优势是政府拥有控制权，且建设运营成效在专业公司运营和维护的基础上更有保障，劣势则在于受政府采购制度的影响，企业建设与运营分离，政府无法采购长期运营和运维服务，当运营主体发生变化时，容易出现权责不清的情况。

（3）企业投资企业运营

企业投资企业运营适用于不涉及国家安全问题，需要政府授权开展经营，具有较大的用户市场、较强的社会需求和较高的收益回报的项目，例如智慧灯杆、智慧停车等，此类运营方式在政府授权的基础上，由企业通过市场化的方式面向公众提供服务，并通过产品和服务收费收回成本，获取利润。企业投资企业运营一般需要由一家或多家综合实力较强的企业负责与项目相关的投资建设和运营工作。在该模式下，政府可以充分利用优势企业的经验优势，但前提是项目需要有清晰的盈利模式和持续盈利的能力。

（4）联合投资企业运营

联合投资企业运营模式一般由政府通过市场化方式引进社会企业，共同投资建设项目，并由社会企业或政企联合成立项目公司进行运营，优势在于可以减轻政府的财政压力，同时发挥企业技术优势开展专业化运营。

2. 投资运营模式选择

数字道路建设项目包括基础设施建设运营、城市治理与服务建设运营、产业服务建设运营等多个方面的内容，只有让政府、企业、用户及其他机构等多方利益相关者共同参与厘清权、责、利三维度关系，才能构建科学高效的项目运营模式，从而保证数字道路项目安全、高效运营，促进智慧道路的良性发展。

（1）基础设施建设运营

基础设施建设运营应按照"政府引导、企业主导"的模式，由政府和企业共同投资，企业运营管理平台，获取管理、运维及增值收益。基础设施建设实施方式见表6-4。

表6-4　基础设施建设实施方式

序号	项目名称	建设内容	投资运营模式	实施方式
1	城市通信网建设	无线网（4G/5G）、光缆网、智能城市管理光网、移动回传承载网、融合接入网	企业投资企业运营	电信运营商投资建设运营，或由项目公司投资建设后租赁给电信运营商（管井出租、管孔出租）
2	物联感知网建设	窄带物联网、大连接物联网	企业投资企业运营	项目公司投资建设运营
3	智能终端设施建设	智能监测终端、多功能杆	企业投资企业运营	项目公司投资建设和运营；部分项目采用建设—经营—转让（Build-Operate-Transfer，BOT）模式，政府将项目的经营权授予项目公司，由项目公司进行投资建设运营，运营期满后移交政府
4	智能能源系统建设	智能能源系统、智能化仪表、光伏等新能源	企业投资企业运营	项目公司投资建设和运营
5	智能计算设施建设	云计算节点、边缘计算节点	企业投资企业运营	项目公司投资建设和运营，或委托第三方公司建设运营

续表

序号	项目名称	建设内容	投资运营模式	实施方式
6	智慧城市支撑平台建设	城市信息模型基础平台、物联感知管理平台、大数据平台、区块链平台	企业投资企业运营	项目公司投资建设和运营

（2）城市治理与服务建设运营

城市治理与服务建设运营应按照"政府引导、市场运营""谁主张谁负责建设，谁提供服务谁获益，谁享受服务谁付费"模式，由政府相关部门统一监督管理。城市治理与服务建设运营实施方式见表6-5。

表6-5 城市治理与服务建设运营实施方式

序号	项目名称	建设内容	投资运营模式	实施方式
1	智慧交通建设	交通感知终端、三维可视化管理平台、智慧停车平台	联合投资企业运营	采用PPP模式，由项目公司负责建设运营，根据具体项目场景选择政府付费、使用者付费或可行性缺口补助等回报机制
2	智慧生态体系建设	环境监测传感终端、环境监测系统	企业投资企业运营	项目公司投资建设和运营
3	智慧社区建设	数据云平台、社区信息管理中心、智慧物业	联合投资企业运营	采用PPP模式，由项目公司负责建设运营，根据具体项目场景选择政府付费、使用者付费或可行性缺口补助等回报机制
4	智慧公共文化服务建设	数字图书馆、数字文化馆、5G创新文化娱乐服务终端		
5	智慧健康建设	医疗健康平台、居民电子健康档案、智慧养老服务平台	企业投资企业运营	项目公司投资建设和运营，或项目公司与第三方专业公司联合投资建设运营
6	智慧教育建设	数字资源共享平台、在线课堂、素质教育电子档案	联合投资企业运营	采用PPP模式，由项目公司负责建设运营，根据具体项目场景选择政府付费、使用者付费或可行性缺口补助等回报机制

（3）产业服务建设运营

产业服务建设运营应建立共建机制，保障信息环境的开放性，引入多元主体共同参与建设，制定科学的、可复制的、可扩展的、具有可持续性的投资运营模式。产业服务建设运营实施方式见表6-6。

表 6-6　产业服务建设运营实施方式

序号	项目名称	建设内容	投资运营模式	实施方式
1	智慧商务建设	商务信息数据库、智慧商务服务平台	企业投资企业运营	项目公司投资建设和运营，或项目公司与第三方专业公司联合投资建设运营
2	智慧园区建设	园区信息数据库、智慧园区运营管理和服务平台	企业投资企业运营	项目公司投资建设和运营，或项目公司与第三方专业公司联合投资建设运营
3	智慧文旅建设	文旅信息数据库、智慧文旅服务平台		
4	智慧新零售建设	线上线下一体化（Online to Offline，O2O）服务平台		
5	行业信息服务建设	行业信息数据库、咨询业务平台		

6.2　数字道路盈利服务模式

总体而言，数字道路可探索以下 8 个盈利服务模式。

数据增值利用服务：充分发挥海量数据资源优势，在合法合规的基础上，高质量推动数据资源开发利用，通过数据输出、数据加工再分析等方式为政府部门、科研机构、专业公司等提供数据增值服务，加强公共数据共享开放，丰富应用场景并获得相应收益。

广告收益：面向具有宣传需求的组织群体，线上借助数字道路网页端、小程序等载体投放电子媒体广告；线下设置道路户外广告位，获得广告收益。

使用者付费：指最终用户直接付费购买数字道路公共产品和服务。项目公司直接从最终用户端收取费用，以回收项目的建设和运营成本并获得合理收益。

可行性缺口补助：项目公司通过政府财政支持、股本投入、优惠贷款和其他优惠政策等形式获取政府补助，以弥补使用者付费不足时项目公司成本回收难的问题，合理回收成本，逐步盈利。

渠道收入：项目公司向入驻产业中心或线上平台的商户收取费用以获取收益，包括基于流量或用户的渠道分成、有偿提供技术支撑和配套服务、收取支付渠道费用等。

场地租赁收入：项目公司通过向服务商、团体、个人等使用者提供线下场地空间租赁服务，以此获取收益。

股权投资收益：建设企业孵化器，对科技型中小创业企业进行股权投资，助力企业成长，获取股权投资收益。

垂直领域盈利收入：项目公司可与政府及第三方在"智慧城市"的应用服务端展开合作，整合相关业务资源与信息，提供软件及数据服务，获取运营收益。数字道路垂直领域运营收益见表 6-7。

表 6-7　数字道路垂直领域运营收益

垂直领域	运营收益
智慧交通	数据增值利用服务、广告收益、使用者付费、可行性缺口补助、渠道收入
智慧社区	数据增值利用服务、广告收益、使用者付费
智慧公共文化服务	数据增值利用服务、广告收益、使用者付费、可行性缺口补助、渠道收入、场地租赁收入
智慧健康	数据增值利用服务、广告收益、使用者付费
智慧商务	数据增值利用服务、广告收益、使用者付费、渠道收入
智慧园区	数据增值利用服务、广告收益、使用者付费、渠道收入、场地租赁收入、股权投资收益
智慧文旅	数据增值利用服务、广告收益、使用者付费、渠道收入

以下以某地区数字道路项目为例说明上述盈利模式的具体方案。

6.2.1　开放平台接入服务

服务对象：汽车企业、科研单位、互联网企业。

盈利点：该项目开放/出售系统平台采集/分析后的相关脱敏数据与功能接口，进行合作。

场景描述：通过高度覆盖的前端感知系统，在确保数据流动安全可控的前提下，实现一般数据无条件开放、特殊数据有条件开放，将脱敏的交通数据开放、出售给相关研究院所、高等院校、汽车企业和互联网公司，开放部分平台功能接口，用以进行车联网相关研究与应用开发。

运营成本： 包括但不限于开发数据应用平台及软件服务、制定数据安全相关标准、版本迭代等产生的费用

收益分析： 根据外部数据需求，可向外提供数据服务，据此产生相关收益。

6.2.2 自动驾驶软件服务

服务对象： 运营单位、汽车企业。

盈利点： 设备与软件服务。

场景描述： 借助共享智能载运工具及智能物流系统，促进智能驾驶载运工具的联网联控的实现，推进智能驾驶载运工具的示范应用。

收益分析： 公共交通车辆的尺寸相当于两辆私家车，以每辆公共交通车辆折算开机在线小时数为单价基础。

根据预设车辆平均每次出行的时间，可预测出全年开机在线小时数，再根据公交车、共享巴士自动驾驶所需的车路通信服务市场占有率，进而推算出全年收入。

6.2.3 车联网＋车险服务

服务对象： 保险公司。

盈利点： 车联网服务与保险服务。

场景描述： 当驾驶员在车祸中受伤时，车载传感器可借此功能进行反馈，保险公司会判断此为严重事故，立即通过车载系统联系客户，通过数据分析判断受伤情况，调度救援资源，做好急救准备。同时通过传感器判断冲击位置和程度，制订维修计划，将维修信息发送到附近的车辆维修点，并要求零部件供应商准备材料。

未来车联网可以贯穿整个智能车辆服务系统，包括人体伤情主动判断、车辆损伤判断、上下游融合、主动服务保障、主动救援等。这些服务对于保险公司、维修公司、整车厂都有巨大价值，也是未来车联网商业模式落地的具体应用场景。

由于我国保险行业缺乏车联网数据标准，在车联网数据的采集、分析、处理和

应用基础上存在相应的不足，阻碍了"车联网+车险"模式的推广应用。2019年3月，中国保险业协会发布了涉及车险的4项相关标准，涵盖车联网数据采集和车险理赔，这促进了"车联网+车险"模式在我国市场的落地、推广和发展。

收益分析：根据当地数据分析出网联车辆的市场占有率，以数据包的形式打包出售，获得收益。

6.2.4 基础资源租赁服务

1. 杆体广告位租赁

服务对象：户外广告公司。

盈利点：提供杆体点位运营户外广告。

场景描述：户外商业广告在人们的认知里向来是以大屏显示的形象出现的，智慧灯杆的普及应用使显示面积偏小的灯杆 LED 显示屏在大范围的城市公路系统铺展开来，LED 显示屏将首次呈现出大范围、大数量的应用，形成极具规模的广告显示载体，与传统的灯箱广告相比具有巨大优势。通常灯箱广告最多只有前后画面显示，广告数量单一，而灯杆 LED 显示屏借助互联网，具有类似电视广告的功能，并且由于数量巨大，灯杆 LED 显示屏可以分路段同时显示不同的广告，从而获得户外广告公司及广告客户的青睐。同时，灯杆 LED 显示屏在发布商业广告的同时，可免费为政府发布公益广告、公共信息、重大会议精神等内容。灯杆 LED 显示屏需要用互联网管理，因此会少量提升互联网资源需求。

收益分析：项目公司仅提供杆体点位出租，广告公司负责设备投入及运营成本，分块计算出屏幕设备投入成本和运营成本。

2. 基站搭载

服务对象：中国铁塔、中国移动—中国广电、中国电信—中国联通。

盈利点：提供杆体点位，搭载通信微基站。

场景描述：5G 基站可综合采用宏基站、微基站、室内分布系统等部署形式，实现雄安新区全域覆盖。5G 微基站在一般道路和普通居民区域，微基站挂高一般在 6m 以上，5G 微基站单站覆盖距离为 50m～80m。微基站可采用单独立杆、在周边建筑物附墙、与其他市政设施共杆等方式建设，需要和城市风貌融合。智慧灯杆完全符合5G微基站各项技术要求及点位布局。

收益分析：通信基站搭载仅需提供杆体点位，建设、运维均由基站搭载方负责。根据向中国铁塔询价，得出基站挂载单价，以中国移动—中国广电、中国电信—中国联通两个运营网络估算，每个运营网络每千米需要利用的基站挂载位置，可供挂载基站的12m智慧灯杆的数量，8m智慧灯杆的数量，假设12m智慧灯杆的挂载基站百分数，8m智慧灯杆的挂载基站百分数，即可根据这两者得出总计挂载基站数量，基站搭载点位收入最低值按最高值来计算，即可得出每年的收益总额。

6.2.5 其他合作服务

1. 测试认证服务

服务对象：车联网企业、汽车企业。

盈利点：提供智能汽车专用测试场，对智能汽车车载模组进行多维度、多角度、多场景的测试评价。

场景描述：自动驾驶汽车借助智慧系统（感知+决策+执行），需要系统连续感知、决策和执行，全时持续运行。由于智能汽车专用测试场景是连续的排列组合，对应的测试场景难以连续组合和穷尽，且算法、软件在实际功能和性能中占据主导因素，传统测试和评价手段均难以有效覆盖自动驾驶新特征，无法提供企业测试认证智能汽车的服务。智能网联汽车采用多系统协调，融合多项技术，能提供更全面的测试认证服务，但同时也存在多方面的风险。当前需要进行多维度、多角度的测试评价，提高测评置信度。

收益分析：该服务针对申请生产许可的新车型、新型号车载模组等，新车型、新型号车载模组经测试后才能进入量产。

先假设出每年完成生产定型的新型号数量，再根据每小时测试费用和测试天数，预测出单款车测试费用，进而预测出总测试费用。

2. 互信认证服务

服务对象：车联网企业、汽车企业。

盈利点：提供智能汽车专用测试场，对车载通信系统进行综合测试。

场景描述：对V2X车载通信系统性能进行综合测试，类似于现在对车辆机械系统的检验，互信认证是对V2X车载通信系统的检验。

收益分析：该服务针对所有并网运行的V2X车辆，是对LTE-V车侧系统的综合检测，类似于现有的机械系统、电子系统年检。

6.3 数字道路投资运营未来展望

6.3.1 引导、吸纳社会投资

1. 鼓励社会资本进入

政府可制定出台智慧城市、智慧交通、智慧企业培育、科技成果转化等方面的支持政策，通过合理财政支持、税收优惠、贷款贴息、风投基金等方式，引导社会资本通过直接投资、组团投资、参股等多种方式进入电信、智慧交通、智慧能源等领域，拓宽社会资本的投资渠道和参与范围，降低民营企业的准入门槛。

2. 创新金融服务

政府给予一定的风险资金补助，鼓励银行、金融机构促进以企业信用为基础的股权质押、知识产权质押等相关信贷产品的创新。鼓励商业银行试办科技支行或科技信贷专营部门，为智慧技术的发展及智慧应用体系的落地建设提供多渠道的信贷金融支持。创办专门用于智慧产业发展的天使基金、风投基金等，鼓励更多有志人士在智慧产业方面进行创新创业，扩大人才队伍建设。

6.3.2 培育壮大市场主体

1. 培育壮大建设运营主体

加强政府与企业合作水平，促进理论技术和应用深度融合，鼓励重点解决方案供应商、系统集成商、硬件产品供应商通过各种形式联合重组，引导形成良好的市场环境，推动高质量运营体系建设。尽快形成具有应用特点和安全性的行业总体方案，培育具有自主知识产权和国际核心竞争力的智慧企业，创造具有核心技术和知识产权的智慧产品，完成产业化要求。

2. 引进战略合作方

政府应营造良好的营商环境，通过出台相关政策鼓励国内外知名企业积极参与战略合作；同时吸纳重点科研院所，打造多样化合作团队，提升团队智库水平。多方合作促进相关技术研发、生产制造、运营服务、人才培训等基地的落成。进一步促进国内智慧道路技术发展、智慧交通基础设施，以及智慧应用系统建设。

3. 建立产业发展联盟

我国应以骨干企业为核心，构建集电信运营商、应用服务提供商、芯片制造商、软件商、智能终端商、内容服务商等多方一体的产业发展联盟，促进产业链的集成创新，整合产业链上的所有资源，推出规模化、跨领域的应用，增加产品和服务种类，丰富业务场景，降低运营成本，提高整个行业的市场竞争力和盈利能力。

4. 培育市场需求

我国应引导企业做好市场调研，洞悉真正的市场需求，及时向群众提供多样化的产品和服务。在扩大产品和服务使用范围的基础上，进一步加大宣传和引导，刺激消费需求，提升群众需求意识与使用技能。

6.3.3 完善体制机制

1. 创新财政资金使用机制

我国应将财政资金"杠杆"作用发挥到实处：一方面，对于公益类、民生类项目，可通过鼓励智慧城市基础设施、管理应用系统等公共产品由财政性资金与社会资本合资建设的方式，促进财政资金投资机制创新；另一方面，对于产业类项目，可积极引导、吸引社会资本参与，政府主要出资扶持智慧城市建设领域相关的科技型企业发展，引导并推动智慧城市产业发展。

2. 探索建立利益补偿机制

部分智慧交通建设项目具有开发周期长、市场利润率低的特点，可通过扶持部分参与企业等方式，对智慧交通建设进行利益补偿。创新业务服务收费政策，鼓励政府技术类和事务类公共服务外包。对于智慧交通建设中提供公共产品或准公共产品的服务项目，由政府安排专项资金向电信运营商、相关企业购买服务。

3. 健全政府信息资源开放机制

我国应进一步加大政府信息资源的开放力度，制定出台政府信息资源公开目录，把不涉及个人隐私和国家安全的信息资源全部公开，形成海量数据共享、查询和管理机制。建立奖惩制度，把部门信息资源开放情况纳入部门年度考核，对优秀者予以奖励。鼓励企业、社会组织或个人对政府公开的信息资源进行深入挖掘和再加工，对社会和政府提供增值服务。

第 7 章
总结展望

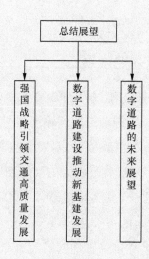

1. 强国战略引领交通高质量发展

中共中央、国务院于 2019 年 9 月印发了《交通强国建设纲要》，于 2021 年 2 月印发了《国家综合立体交通网规划纲要》，两个文件共同提出了我国交通领域建设的总体目标——到 2035 年，基本建成交通强国。现代化综合交通体系基本形成，人民满意度明显提高，支撑国家现代化建设能力显著增强；拥有发达的快速网、完善的干线网、广泛的基础网，城乡区域交通协调发展达到新高度；基本形成"全国 123 出行交通圈"（都市区 1 小时通勤、城市群 2 小时通达、全国主要城市 3 小时覆盖）和"全球 123 快货物流圈"（国内 1 天送达、周边国家 2 天送达、全球主要城市 3 天送达），旅客联程运输便捷顺畅，货物多式联运高效经济；智能、平安、绿色、共享交通发展水平明显提高，城市交通拥堵基本缓解，无障碍出行服务体系基本完善；交通科技创新体系基本建成，交通关键装备先进安全，人才队伍精良，市场环境优良；基本实现交通治理体系和治理能力现代化；交通国际竞争力和影响力显著提升。

到 21 世纪中叶，我国将全面建成人民满意、保障有力、世界前列的交通强国，基础设施规模质量、技术装备、科技创新能力、智能化与绿色化水平位居世界前列，交通安全水平、治理能力、文明程度、国际竞争力及影响力达到国际先进水平，全面服务和保障社会主义现代化强国建设，人民享有美好交通服务。

2. 数字道路建设推动新基建发展

《交通运输领域新型基础设施建设行动方案（2021—2025 年）》提出，推动交通运输领域新型基础设施建设。以推动交通运输高质量发展为主题，以加快建设交通强国为总目标，坚持创新驱动、智慧发展，以数字化、网络化、智能化为主线，组织推动一批交通新基建重点工程，打造有影响力的交通新基建样板，营造创新发展环境，以点带面推动新基建建设，促进交通运输提效能、扩功能、增动能。

道路作为公路交通基础设施的重要组成部分，需要从管理、服务等方面提升智能化水平。在管理方面，通过推动道路感知网络与道路基础设施建设养护工程同步规划、同步实施，来提升道路基础设施全要素、全周期数字化水平，增强道路的检测监测、评估预警能力。通过建设监测、调度、管控、应急、服务一体化的智慧路网平台，深化大数据应用，实现视频监控集成管理、事件自动识别、智能监测与预警、分车道管控、实时交通引导和路网协同调度等功能。在服务方面，推广交通突发事件信息的精准推送和伴随式出行服务，逐步实现路段全天候通行。通过高速公路电子不停车收费系统应用，推进与公路运行监测等数据融合，全面提升公路信息服务水平。准确定位车辆位置，提供"一键式"智能应急救援服务。通过提升服务区智能化水平，完善智能感知设施，为充换电设施建设提供便利，建设服务区综合信息平台，实现大数据在运营管理、安全应急、信息服务等方面的应用。通过数字道路感知、分析、决策，逐步丰富车路协同应用场景。

数字道路所产生的数据要素，将重构人们对道路交通的理解和认知。通过道路交通相关元素和事件等的数字化，把交通出行从物理空间映射到数字空间，通过物理空间和数字空间的交通数据要素的融合分析和高效流动，实现传统交通业务的重构与创新。数字道路除了提升传统道路的通行效率，还与后端运营中心、智能网联车辆进行深度协同，提供个性化、场景化、实时化的各类服务，进而助推数字道路空间上的数字化服务。通过数字道路构建的一体化运维体系，实现全生命周期的数据服务，为城市交通规划、道路建设监理、路上场景应用提供数据支持。通过运营和维护数字道路所产生的数据要素，城市将具备仿真推演、综合分析、应急指挥调度、交通引导、流量统计、风险预警等能力，进而对交通出行及交通组织产生深远影响。

3. 数字道路的未来展望

数字道路建设为公共出行服务、综合交通治理、基础设施运维、城市应急管理等提供了基础条件。我国各城市探索出公交车优先、MaaS出行等先进公共出行模式，信控优化服务、交通出行引导等先进综合交通治理模式，智能运维、智能道路管养等先进基础设施运维模式，营运车辆管理、突发事件处置等先进城市应急管理模式，这些新模式带来了更多新型智能应用。数字道路与智慧城市建设有机融合，依托泛在式道路感知设备、分布式边缘计算节点、中心式数据管理平台、一体式运维管理体系，成为国内数字道路建设的最佳实践之一。雄安新区数字道路为道路交通参与者提供安全、舒适、智能、高效的驾驶感受和优质的交通服务，提高了整体交通运行效率，提升了社会交通服务的智能化水平。同时，雄安新区数字道路在城市交通领域首创了投资、设计、施工、运营一体化的政企合作新模式。

在未来，数字道路将以解决政府部门需求为前提，布局无人驾驶、新能源等领域业务，深入理解智慧城市发展和满足人民对美好生活的向往，借助5G、人工智能、大数据、云计算、边缘计算、区块链及物联网等技术的赋能作用，发挥数字道路的综合优势、点位优势和规模优势，为政府各部门管理提供强有力的智能设施及数据支撑，为人民提供更安全、智慧化、便利化、绿色化的出行服务，为企业客户提供创新、领先、智能的商业化运营环境和不断完善的定制化数字产品，助力数字经济快速、稳定发展。

参考文献

[1] 中国电信. 数字道路白皮书（2022）[R]. 2022.

[2] 中国联通. 新基建、新动能：5G车路协同白皮书（2020）[R].2020.

[3] 中国移动. 中国移动5G高精定位能力白皮书(2021年)[R].2021.

[4] 中国联通、中国移动、中国电信. 运营商赋能车联网能力白皮书[R].2022.

[5] 中国通信学会. C-V2X车联网技术发展与产业实践白皮书（2022）[R].2022.

[6] 中国信息通信研究院. 车联网产业发展白皮书[R]. 2021.

[7] 中国人工智能产业发展联盟. 人工智能在交通领域业务应用白皮书[R]. 2020.

[8] 蔡翠. 我国智慧交通发展的现状分析与建议[J]. 公路交通科技（应用技术版），2013，9（6）：224-227.

[9] 郑文超，贾伟，汪德生. 智慧交通现状与发展[J]. 指挥信息系统与技术，2018，9（4）：8-16.

[10] 张可，齐彤岩，刘冬梅，等. 中国智能交通系统（ITS）体系框架研究进展[J]. 交通运算系统工程与信息，2005（5）：10-15.

[11] 王炜，过秀成. 交通工程学[M]. 南京：东南大学出版社，2019.

[12] 冉斌，陈祥辉，张健. 智慧高速公路理论与实践总论[M]. 北京：人民交通出版社，2015.

[13] 周勇. 山东智慧高速公路探索与实践[M]. 北京：人民交通出版社，2022.

[14] 智慧高速公路建设探索与实践[M]. 北京：人民交通出版社，2014.

[15] 李蕊. 智慧高速上 跑出新气象[N]. 人民日报，2022-11-15（8）.

[16] 汤灏，廖宇婷，朱皓，等. 基于物联智控平台的智慧高速解决方案[J]. 中国交通信息化，2022（9）：84-87.

[17] 李佳晨，雷斌，张鹏. 车路协同技术在智慧高速中的应用[C]//. 中国科学技术协会，交通运输部，中国工程院，湖北省人民政府. 2022世界交通运输大会（WTC2022）论文集（交通工程与航空运输篇）. 人民交通出版社股份有限公司，2022：572-580.

[18] 王优. 云南高速公路智慧交通系统研究[J]. 工程技术研究，2022，7（16）：215-219.

[19] 王淼，王润民. 数字孪生技术在智慧高速公路领域的应用展望[J]. 中国交通信息化，2022（S1）：34-35+43.

[20] 马亚栋. 智慧监控在高速公路运营及维护中的应用[J]. 运输经理世界，2022（18）：62-65.

[21] 高奎刚，张艳，王骋程. 智慧高速的"山东模式"[J]. 中国公路，2022（12）：44-47.

[22] 李蕊. 智慧高速 让出行更便捷安全[N]. 人民日报，2022-06-07（11）.

[23] 单佳雯. 数字化浪潮下 智慧高速需要哪些智慧？[N]. 中国交通报，2022-06-02（4）.

[24] 唐优华，王旷，刘刚，等. 四川省智慧高速公路发展内涵和体系架构[J]. 综合运输，2022，44（5）：137-143.

[25] 栗晴晖. 智慧高速公路总体设计探讨[J]. 交通世界，2022（12）：4-5+12.

[26] 唐小军，章立辉，兰凤民. 以京雄、延崇高速公路为例谈智慧高速公路的发展对策[J]. 公路，2022，67（4）：250-255.

[27] 孙超，黄愉文，张永捷. 数字时代全球智慧高速公路发展趋势及建设思考[J]. 公路，2022，67（4）：237-242.

[28] 朱承前，蓝先林，曾庆展，等. 智慧高速"五位一体化"应用系统的设计与建设探索[J]. 交通科技，2022（1）：108-113.

[29] 孙文侠，何涛. 高速公路机电运维管理智慧化发展浅析[J]. 公路，2022，67（2）：386-391.

[30] 王玉霞，曾传华，王露萍，等. 浅谈ETC技术对我国智慧高速公路发展的影响[J]. 黑龙江交通科技，2021，44（12）：185-186.

[31] 杨格. 智慧高速公路城区段应用场景方案研究[J]. 公路，2021，66（12）：282-287.

[32] 展凤萍. 智慧高速公路交通检测器组合布设方法研究[D]. 东南大学，2017.

[33] 杨娟. 基于物联网的四川高速公路智慧交通系统设计[D]. 西南交通大学，2017.

[34] 张云. 云南省"智慧高速"建设发展研究[D]. 大连海事大学，2016.

[35] 白少宇，周芳梅. 数字道路建设在智能城市中规划与应用[J]. 广东通信技术，2022，42（3）：60-62+67.

[36] 李京辉. 全息感知多源融合应用的数字道路研究[J]. 信息技术与信息化，2022（8）：52-56.

[37] 商林政. 面向大数据的交通态势感知及其可视化方法研究[D]. 东南大学，2020.